Un reportage de

Clara
Beaudoux

MADELEINE PROJECT

Ceci est une adaptation du hashtag *MadeleineProject*
publié sur le compte Twitter de Clara Beaudoux.

© Éditions du Seuil, sous la marque
des éditions du sous-sol, Paris, 2016.

Photographie de la couverture : DR
Iconographie, archives : © DR
Illustration avatar Twitter Clarabdx © Mathieu Auger
Conception graphique de la maquette gr20paris

Reproduction des Tweets : © Twitter

ISBN : 978-2-36668-209-2

Madeleine
Project

Clara Beaudoux

FEUILLETON
Non-Fiction

**Éditions
du sous-
sol**

CONVOQUER LA VIE COMME UN COQUILLAGE LE BRUIT DE L'OCÉAN

Elle s'appelait Madeleine, elle aurait eu 100 ans en 2015. Je m'appelle Clara, j'ai 31 ans. Nous ne nous sommes jamais connues pourtant nous partageons le même appartement, ou du moins l'avons-nous partagé à différentes époques. Madeleine y avait vécu vingt ans. Elle est morte un an avant que je m'y installe, l'appartement avait été entre-temps refait à neuf. Interstice préservé de l'oubli, la cave avait été abandonnée en l'état. J'y ai découvert, après en avoir scié le verrou, rangée, empaquetée dans des cartons, la vie de Madeleine, objets, photographies, lettres. Je m'y suis plongée. En novembre dernier, pendant plusieurs jours, depuis la cave n°16, sur Twitter, j'ai décidé d'en faire l'inventaire, de me perdre dans ce fascinant puzzle de souvenirs, de voyager de petites boîtes en valises emplies de documents, de confondre un temps ma vie et la sienne. À la recherche (non du temps perdu) mais d'un temps vécu, de fragments d'une mémoire traversée par l'Histoire. S'agissait-il de se lancer dans une bataille contre l'oubli ? Pourquoi désormais imprimer tous ces tweets, coucher sur papier l'immatériel ? Pour garder la mémoire de ta mémoire Madeleine ? Pour garder une trace ? Mais que restera-t-il de nous deux ? Voilà plus de deux ans que je veux raconter cette histoire. Alors je vais tenter de le faire ici.

Nous avons découvert le #*Madeleineproject* de Clara Beaudoux, comme l'ensemble des internautes, un matin de novembre sur Twitter. Nous avions été subjugués par ce feuilleton en 140 caractères, preuve mouvante de l'inventivité du réel et du romanesque inhérent à toute vie, y compris la plus anonyme. À ce jeu de la pêche miraculeuse, Clara Beaudoux fit merveille. Madeleine surgit du passé, double tendre de cette enquêtrice plongée dans des cartons et des boîtes, matriochkas d'un siècle révolu. #*Madeleineproject*, ce hashtag devenu le temps d'une folle course contre le temps, contre la mort et l'oubli, une formule magique qui convoque la vie comme un coquillage le bruit de l'océan. Tweet par tweet, se dessine le portrait d'une anonyme, un récit suivi par des milliers d'internautes captivés par ce reportage d'un genre nouveau, nommé "feuilleton 2.0" ou "tweet-documentaire". Ce livre réunit l'ensemble des tweets de la saison 1 et 2 du *Madeleine project* en un recueil-reportage, comme ces "Petites Madeleines" de Marcel Proust "moulées dans la valve rainurée d'une coquille de Saint-Jacques". En tant qu'éditeur de "journalisme narratif", d'une littérature du réel attachée au récit, le *Madeleine project* s'inscrit parfaitement dans cette lignée, le médium seul change. Nous souhaitions garder la spécificité du média, de ces tweets, de ce reportage-photo où le texte avance en légende, plutôt que d'obliger le nouveau format à s'adapter à l'ancien, absurde décalage et anachronisme dénaturant le projet initial. Il nous semblait primordial d'accorder de l'importance à ces projets singuliers qui naissent sur la toile, au moment même où Twitter apparaît davantage comme la chambre d'écho du pire. Et puis, comme une dernière coïncidence, cette exploration de la cave n°16 ne pouvait trouver une autre maison d'édition qu'un sous-sol.

SAISON
1

JOUR 1

 clara beaudoux
@clarabdx

Voilà plus de deux ans que je veux raconter cette histoire. Alors je vais tenter de le faire ici cette semaine.

RETWEETS J'AIME
11   31

11:28 - 2 nov. 2015

---

 clara beaudoux
@clarabdx

Quand j'ai loué mon appartement, la bonne surprise c'est qu'il y avait une cave, mais le propriétaire ne savait pas ce qu'il y avait dedans.

RETWEETS J'AIME
7   9

11:28 - 2 nov. 2015

clara beaudoux
@clarabdx

C'était la cave n°16. Il n'avait plus la clé non
plus. J'ai scié le cadenas.

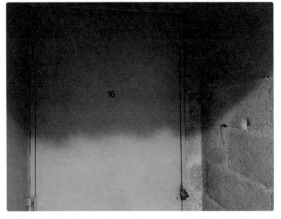

RETWEETS   J'AIME
5   4

11:29 - 2 nov. 2015

clara beaudoux
@clarabdx

La cave était pleine d'affaires. Celles de la vieille
dame décédée après 20 ans dans cet
appartement.

RETWEETS   J'AIME
9   10

11:30 - 2 nov. 2015

clara beaudoux
@clarabdx

Dans la boîte aux lettres, une publicité pour une mutuelle m'apprend qu'elle s'appelait Madeleine. #Madeleineproject

RETWEETS 6   J'AIME 9

11:30 - 2 nov. 2015

---

clara beaudoux
@clarabdx

Elle n'a pas de descendant, alors je téléphone à l'unique lien de cette femme, selon le propriétaire : son filleul.

RETWEETS 2   J'AIME 2

11:32 - 2 nov. 2015

---

clara beaudoux
@clarabdx

Au téléphone il me dit qu'il avait mandaté une entreprise pour vider l'appartement, elle a semble-t-il oublié la cave.

RETWEETS 3   J'AIME 3

11:32 - 2 nov. 2015

---

clara beaudoux
@clarabdx

Les affaires de sa marraine ne l'intéressent pas, il me dit d'en faire ce que je veux.

RETWEETS 2   J'AIME 3

11:33 - 2 nov. 2015

Jour 1

clara beaudoux
@clarabdx

J'ai donc une cave pleine des affaires de Madeleine. Dont personne ne veut. Je vais m'y plonger pour tenter d'en savoir un peu plus sur elle

RETWEETS   J'AIME
6   5

11:34 - 2 nov. 2015

---

clara beaudoux
@clarabdx

Notez déjà que Madeleine semblait être une femme bien organisée. Elle conservait les numéros d'Historia.

RETWEETS   J'AIME
3   5

11:36 - 2 nov. 2015

clara beaudoux
@clarabdx

Dans cette boîte en polystyrène, Madeleine
conservait ses décorations de Noël.

RETWEETS J'AIME
2   1

11:38 - 2 nov. 2015

---

clara beaudoux
@clarabdx

Madeleine cachait-elle un Picasso ?

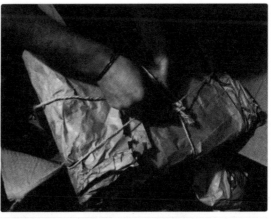

RETWEETS J'AIME
2   2

11:40 - 2 nov. 2015

clara beaudoux
@clarabdx

Eh non... #Madeleineproject

RETWEETS   J'AIME
2   4

11:42 - 2 nov. 2015

clara beaudoux
@clarabdx

Lors d'un premier tri, il y a des choses étranges qu'on a directement jetées.

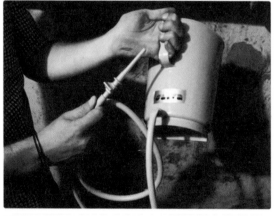

RETWEETS   J'AIME
4   1

11:45 - 2 nov. 2015

clara beaudoux
@clarabdx

Il semble que le plus précieux trésor soit ces valises remplies de la vie de Madeleine.
#Madeleineproject

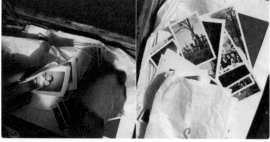

RETWEETS 10   J'AIME 13

11:52 - 2 nov. 2015

---

clara beaudoux
@clarabdx

Il y a cette boîte avec plein de petites choses, comme plein de petites choses auxquelles on tient #Madeleineproject

RETWEETS 3   J'AIME 12

11:57 - 2 nov. 2015

clara beaudoux
@clarabdx

Dedans il y a ce tout petit écrin en cuir, et
dedans... ? #Madeleineproject

RETWEETS J'AIME
2   6

11:58 - 2 nov. 2015

RETWEETS J'AIME
10   38

12:02 - 2 nov. 2015

clara beaudoux
@clarabdx

Je découvre à l'occasion cette pratique...
etsy.com/fr/shop/TinyTo … #tweetprecedent

RETWEET
1

12:03 - 2 nov. 2015

---

 clara beaudoux
@clarabdx

Dans le même petit écrin, il y a une minuscule
photo toute passée #Madeleineproject

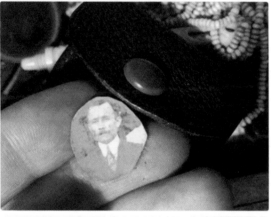

RETWEETS   J'AIME
7   4

12:20 - 2 nov. 2015

Jour 1

clara beaudoux
@clarabdx

Je me demande bien à quoi sert ce petit objet
#Madeleineproject

RETWEETS J'AIME
12   6

12:32 - 2 nov. 2015

---

clara beaudoux
@clarabdx

Note pour plus tard : le réseau passe mal dans
une cave #Madeleineproject

RETWEET J'AIME
1   4

12:46 - 2 nov. 2015

clara beaudoux
@clarabdx

La toile de tout à l'heure a peut-être été peinte par Madeleine elle avait le matériel en tout cas #Madeleineproject

RETWEET J'AIME
1   6

12:48 - 2 nov. 2015

clara beaudoux
@clarabdx

Encore une jolie petite boîte, en carton celle-là, avec quoi dedans ? #Madeleineproject

RETWEET J'AIME
1   4

12:54 - 2 nov. 2015

 **clara beaudoux**
@clarabdx

Avec quoi ? Eh bien oui, des gommettes en étoiles <3

RETWEETS   J'AIME
2   8

12:56 - 2 nov. 2015

20

 clara beaudoux
@clarabdx

Des stocks de papeterie, des cahiers d'écoliers, voilà qui nous éclaire peut-être sur la profession de Madeleine...

RETWEETS   J'AIME
4   10

12:58 - 2 nov. 2015

clara beaudoux
@clarabdx

Madeleine avait, je pense, récupéré des affaires de ses parents aussi, comme ces bons de charbon

RETWEETS J'AIME
4   10

13:02 - 2 nov. 2015

---

clara beaudoux
@clarabdx

Dans une valise, plein de photos de groupes ou de classes avec une personne en commun sur chaque. #Madeleineproject

RETWEETS J'AIME
3   15

13:06 - 2 nov. 2015

clara beaudoux
@clarabdx

C'est écrit au dos d'une des photos : "moi",
"Aubervilliers - Jean Macé", c'est un groupe
scolaire, "1944-1945"

RETWEET   J'AIME
1   4

13:09 - 2 nov. 2015

clara beaudoux
@clarabdx

Je pense donc qu'il s'agit de Madeleine sur ces
photos #Madeleineproject

RETWEETS   J'AIME
8   14

13:11 - 2 nov. 2015

clara beaudoux
@clarabdx

Encore beaucoup de choses à explorer parmi
les fossiles de Madeleine, la suite demain !
#Madeleineproject

RETWEETS | J'AIME
2 | 10

13:15 - 2 nov. 2015

 **clara beaudoux**
@clarabdx

Merci pour votre enthousiasme ! Je suis sûre
que Madeleine serait contente :)
#Madeleineproject

RETWEETS | J'AIME
2 | 23

14:08 - 2 nov. 2015

JOUR 2

 clara beaudoux
@clarabdx

Ce matin je vais continuer à fouiller dans toutes
ces valises remplies de la vie de Madeleine
#Madeleineproject

RETWEETS   J'AIME
7   13

10:47 - 3 nov. 2015

clara beaudoux
@clarabdx

Madeleine avait toute une collection
d'affichettes "Si vous aimez Paris"
#Madeleineproject

RETWEETS   J'AIME
4   14

10:50 - 3 nov. 2015

clara beaudoux
@clarabdx

Madeleine avait aussi un lien ou un amour avec
la Hollande semble-t-il, tout un petit cartable est
rempli de guides

J'AIME
11

10:51 - 3 nov. 2015

clara beaudoux
@clarabdx

Au fait, nouvel objet inconnu : une idée ?
#Madeleineproject (cc @SanzzoCreatrice qui a
trouvé celui d'hier)

RETWEET   J'AIME
1   8

10:55 - 3 nov. 2015

Jour 2

clara beaudoux
@clarabdx

Dans ces valises, il y a quelques saines lectures
#Madeleineproject

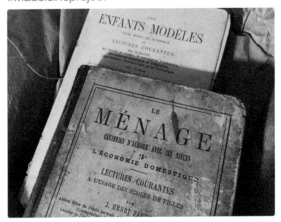

RETWEETS 3 · J'AIME 12

10:56 - 3 nov. 2015

---

clara beaudoux
@clarabdx

Il y a aussi un gros tas de cartes postales
#Madeleineproject

RETWEET 1 · J'AIME 5

10:57 - 3 nov. 2015

clara beaudoux
@clarabdx

Et beaucoup de ces cartes sont en fait écrites
PAR Madeleine, dans les années 60-70,
beaucoup depuis la Provence

RETWEETS   J'AIME
2   11

11:02 - 3 nov. 2015

clara beaudoux
@clarabdx

Elle écrit en fait à sa mère qui vit en Seine-
et-Marne, chaque carte commence par "Ma
petite mère"

RETWEETS   J'AIME
5   13

11:07 - 3 nov. 2015

clara beaudoux
@clarabdx

Plusieurs cartes sont aussi adressées à
"Madame et Mademoiselle Madeleine", toutes
en 1964 ou 1965

J'AIME
5

11:28 - 3 nov. 2015

clara beaudoux
@clarabdx

Je pense que tu as vécu ces années-là avec ta
mère, en Seine-et-Marne, une carte évoque une
maladie

J'AIME
7

11:29 - 3 nov. 2015

clara beaudoux
@clarabdx

Pour détendre l'atmosphère, une petite recette
qui traîne dans un cahier #Madeleineproject

RETWEETS   J'AIME
8   23

11:33 - 3 nov. 2015

clara beaudoux
@clarabdx

Madeleine aimait bien ranger des petites choses
dans des petites boîtes ou des petites
pochettes #Madeleineproject

RETWEET   J'AIME
1   9

11:39 - 3 nov. 2015

clara beaudoux
@clarabdx

Et à chaque fois on ne sait à quoi s'attendre.
Cette fois deux pièces, puis...
#Madeleineproject

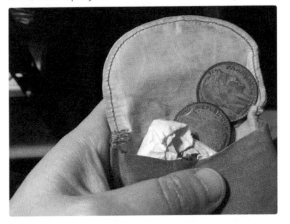

J'AIME
6

11:42 - 3 nov. 2015

clara beaudoux
@clarabdx

Puis... #Madeleineproject #suspense

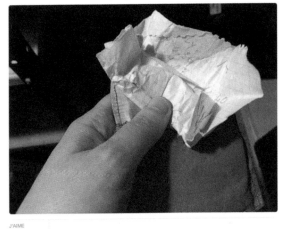

J'AIME
4

11:45 - 3 nov. 2015

clara beaudoux
@clarabdx

Tadam : encore une histoire de dents... Mais je ne sais pas bien laquelle #Madeleineproject

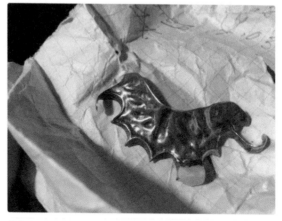

J'AIME
6

11:47 - 3 nov. 2015

Jour 2

clara beaudoux
@clarabdx

Dans ces valises il y a une énorme quantité de photos, ça me dépasse un peu, est-ce Madeleine ? #Madeleineproject

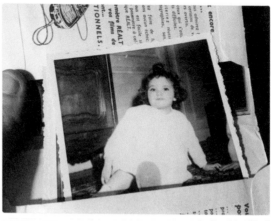

RETWEETS   J'AIME
2   12

11:53 - 3 nov. 2015

clara beaudoux
@clarabdx

Là je pense que c'est bien elle, belle série de
portraits #Madeleineproject

RETWEETS   J'AIME
8   23

11:55 - 3 nov. 2015

---

clara beaudoux
@clarabdx

Cette valise est organisée grâce à des
enveloppes, une pour chacun, une pour chaque
histoire #Madeleineproject

RETWEET   J'AIME
1   6

12:00 - 3 nov. 2015

clara beaudoux
@clarabdx

Il semble que Madeleine conservait ici l'histoire familiale, jusqu'à très loin, ici 1863
#Madeleineproject

Préfecture du Département de la Seine.

EXTRAIT du Registre des Actes de Mariage
d.. 4ⁱᵐ arrond. de Paris.
Année 1863.

mariage du Samedi vingt-Deu
t soixante trois, onze heures
... entre : Joseph Dav

RETWEETS   J'AIME
3   7

12:05 - 3 nov. 2015

clara beaudoux
@clarabdx

Dans l'enveloppe qui indique "Adrien", il y a ce tout tout petit petit calendrier daté de 1918
#Madeleineproject

RETWEET   J'AIME
1   13

12:09 - 3 nov. 2015

clara beaudoux
@clarabdx

Dans l'enveloppe "Martial" (son frère ?) il y a sa
plaque de l'armée, son permis, et une lettre...
#Madeleineproject

RETWEETS   J'AIME
5   8

12:14 - 3 nov. 2015

clara beaudoux
@clarabdx

... la lettre qui annonce son décès à sa mère,
"votre pauvre fils Martial" "tombé glorieusement"
#Madeleineproject

RETWEETS   J'AIME
6   23

12:16 - 3 nov. 2015

clara beaudoux
@clarabdx

Beaucoup de choses sur la guerre, j'y reviendrai plus tard #Madeleineproject

J'AIME
1

12:38 - 3 nov. 2015

---

clara beaudoux
@clarabdx

Un petit carnet avec un drôle de bonhomme, un prêtre ? Je pensais que tu dessinais mieux que ça :) #Madeleineproject

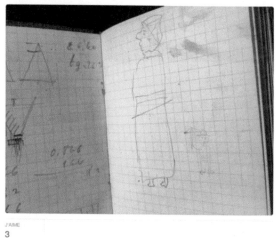

J'AIME
3

12:40 - 3 nov. 2015

Jour 2

37

clara beaudoux
@clarabdx

Une enveloppe même pas ouverte, "Société nationale des chemins de fer français", rangée là #Madeleineproject

J'AIME
3

12:44 - 3 nov. 2015

clara beaudoux
@clarabdx

Je me permets de l'ouvrir... Encore toute la vie d'un quelqu'un dedans #Madeleineproject

J'AIME
6

12:45 - 3 nov. 2015

clara beaudoux
@clarabdx

Et alors ça, devinez, qu'est-ce que c'est ?
#Madeleineproject

J'AIME
4

12:46 - 3 nov. 2015

clara beaudoux
@clarabdx

Oui bravo @RodolpheCaribou ce sont les diplômes de Madeleine ! J'ai compté, il y a en a sept ! #Madeleineproject

RETWEET   J'AIME
1   10

12:53 - 3 nov. 2015

clara beaudoux
@clarabdx

Diplômes qui nous donnent une précieuse indication sur Madeleine... #Madeleineproject

J'AIME
2

12:58 - 3 nov. 2015

clara beaudoux
@clarabdx

"Née en mars 1915" : Madeleine aurait eu 100 ans ! #Madeleineproject

RETWEETS · 3   J'AIME · 19

13:00 - 3 nov. 2015

Jour 2

clara beaudoux
@clarabdx

Et nous terminerons pour aujourd'hui avec ce carnet où Madeleine copiait des paroles de chansons #Madeleineproject

RETWEETS · 2   J'AIME · 11

13:03 - 3 nov. 2015

clara beaudoux
@clarabdx

Notamment les paroles de "Garde ton cœur
Madeleine" #Madeleineproject

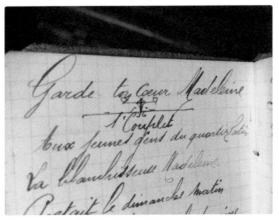

J'AIME
8

13:06 - 3 nov. 2015

 clara beaudoux
@clarabdx

Que l'on peut semble-t-il écouter ici :
deezer.com/track/232916 #Madeleineproject

 **Garde ton coeur Madeleine**
Carvey
deezer.com

J'AIME
12

13:06 - 3 nov. 2015

clara beaudoux
@clarabdx

Je vous laisse avec l'autre BO de ce projet :
youtube.com/watch?v=TEIHIs… Et à demain
pour la suite #Madeleineproject

Brel Madeleine
Brel on stage 1966
youtube.com

RETWEET   J'AIME
1   8

13:07 - 3 nov. 2015

---

 clara beaudoux
@clarabdx

#update #Madeleineproject Martial ne peut pas
être son frère, il est né en janvier 1915 et elle en
mars ! A suivre donc...

RETWEET   J'AIME
1   7

13:45 - 3 nov. 2015

Jour 2

43

JOUR 3

 clara beaudoux
@clarabdx

Ce matin on quitte un peu les valises (on y reviendra) pour les cartons et autres abat-jour
#Madeleineproject

RETWEETS J'AIME
3   3

11:06 - 4 nov. 2015

clara beaudoux
@clarabdx

Allez, devinette, quoi dans cette grosse boîte ?
#Madeleineproject

RETWEETS 3   J'AIME 5

11:10 - 4 nov. 2015

clara beaudoux
@clarabdx

Non pas des vêtements, pas un instrument,
mais... des patins à glace ! #Madeleineproject

RETWEETS 3   J'AIME 20

11:16 - 4 nov. 2015

clara beaudoux
@clarabdx

(Moi aussi j'adore la patinoire, Madeleine)

RETWEET   J'AIME
1   6

11:16 - 4 nov. 2015

---

clara beaudoux
@clarabdx

Madeleine chaussait du 36. Quelqu'un sur Twitter disait "entrer à petits pas dans sa vie" #Madeleineproject

J'AIME
16

11:19 - 4 nov. 2015

clara beaudoux
@clarabdx

Ceux-là tu ne les as jamais mis, qui t'avait offert ça ? En plus c'est trop grand c'est du 38
#Madeleineproject

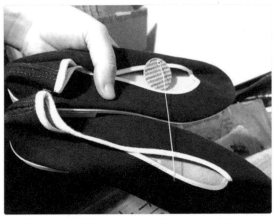

J'AIME
7

11:21 - 4 nov. 2015

clara beaudoux
@clarabdx

Un carton de bibelots, des trucs moches, tu devais être d'accord si tu les laissais là
#Madeleineproject

J'AIME
5

11:25 - 4 nov. 2015

clara beaudoux
@clarabdx

Les bibelots sont emballés dans un journal de 1994, avec Balladur et Tiberi #Madeleineproject

J'AIME
5

11:28 · 4 nov. 2015

Jour 3

clara beaudoux
@clarabdx

Eh oui on dirait bien que tu lisais Le Figaro, Madeleine... #Madeleineproject

RETWEETS   J'AIME
2   7

11:31 - 4 nov. 2015

clara beaudoux
@clarabdx

Il y a aussi le service à thé de Raymonde. C'est qui Raymonde ? #Madeleineproject

RETWEETS J'AIME
2   10

11:33 - 4 nov. 2015

clara beaudoux
@clarabdx

Madeleine avait aussi une belle raquette de tennis, très difficile à remettre dans sa housse #Madeleineproject

RETWEETS J'AIME
2   10

11:35 - 4 nov. 2015

clara beaudoux
@clarabdx

Il y a un carton avec du linge de maison, un peu
moisi maintenant, et ce joli torchon de 1969
#Madeleineproject

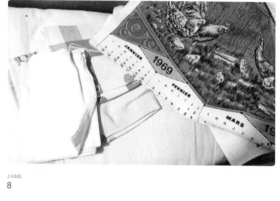

J'AIME
8

11:38 - 4 nov. 2015

---

clara beaudoux
@clarabdx

Au milieu des draps, tombée probablement là
par hasard, cette fiche sur un voyage en
Finlande #Madeleineproject

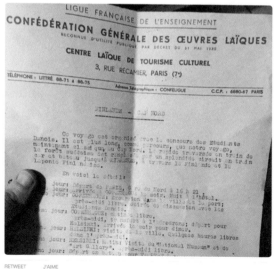

RETWEET   J'AIME
1   9

11:41 - 4 nov. 2015

clara beaudoux
@clarabdx

Il n'y a pas de date, c'était du 9 juillet au 2 août, et la fiche fait le détail de chaque journée. Tu voyageais pas mal #Madeleineproject

J'AIME
4

11:45 - 4 nov. 2015

---

clara beaudoux
@clarabdx

Eh donc oui, Madeleine collectionnait les Historia #Madeleineproject

J'AIME
12

11:50 - 4 nov. 2015

clara beaudoux
@clarabdx

Mais il lui manquait le 145, 147, 192, 193, 194, 195, 196 #Madeleineproject

J'AIME
17

11:51 - 4 nov. 2015

clara beaudoux
@clarabdx

Il y a aussi des cartons de livres dans cette cave, notamment celui-ci sur les champignons #Madeleineproject

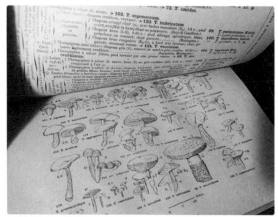

J'AIME
9

11:58 - 4 nov. 2015

clara beaudoux
@clarabdx

Ce joli livre aussi sur Bourges, Madeleine est
née à Bourges (c'était indiqué sur les diplômes)
#Madeleineproject

RETWEETS   J'AIME
6   11

11:59 - 4 nov. 2015

---

clara beaudoux
@clarabdx

D'ailleurs les diplômes nous apprenaient aussi
qu'elle s'appelait "Madeleine, Julia, Jeanne,
Georgette" #Madeleineproject

J'AIME
7

12:00 - 4 nov. 2015

clara beaudoux
@clarabdx

Il y a aussi ce livre "La Véritable cuisine de famille" qui a dû traverser des générations...
#Madeleineproject

RETWEETS J'AIME
2 14

12:02 - 4 nov. 2015

Jour 3

clara beaudoux
@clarabdx

Il y a des cartes postales de la "Ligue nationale contre le taudis"
(liguenationalecontreletaudis.fr)
#Madeleineproject

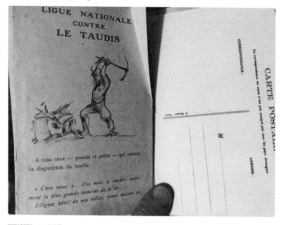

RETWEETS J'AIME
6 7

12:08 - 4 nov. 2015

Avec des cartes qui se veulent un peu
humoristiques pour dénoncer, semble-t-il
#Madeleineproject

J'AIME
14

12:08 - 4 nov. 2015

clara beaudoux
@clarabdx

Il y a plein de livres pour enfants, de plusieurs
époques #Madeleineproject

12:11 - 4 nov. 2015

clara beaudoux
@clarabdx

Et tout d'un coup, au milieu de tous ces bouquins, en bordure de carton, paf...
#Madeleineproject

RETWEETS 14 J'AIME 14

12:12 - 4 nov. 2015

clara beaudoux
@clarabdx

Tombé d'un livre, je ramasse par terre un papier.
Oh c'est une liste de courses de Madeleine !
#Madeleineproject

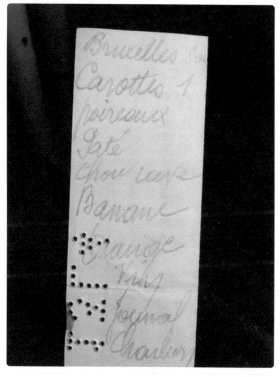

J'AIME
17

12:20 - 4 nov. 2015

clara beaudoux
@clarabdx

Liste de courses écrite derrière un emballage de
biscottes allégées #Madeleineproject

RETWEET   J'AIME
1   8

12:25 - 4 nov. 2015

 clara beaudoux
@clarabdx

Ah dans celui-là encore des Historia !
#Madeleineproject

RETWEET   J'AIME
1   5

12:30 - 4 nov. 2015

clara beaudoux
@clarabdx

Mais dans un carton dont le couvercle indique
"bibelots". Et ça, ça m'étonne de toi, Madeleine
#Madeleineproject

RETWEET   J'AIME
1   4

12:31 - 4 nov. 2015

clara beaudoux
@clarabdx

Tiens les paroles de Jeanneton, un peu
différentes de celles que j'avais apprises en colo
#Madeleineproject

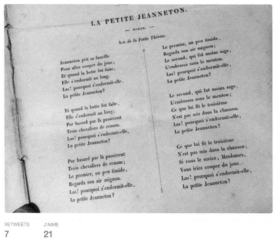

RETWEETS   J'AIME
7   21

12:36 - 4 nov. 2015

clara beaudoux
@clarabdx

Il y a un carton qui dénote, des serviettes toutes neuves, ça fait presque "tombé du camion" :)
#Madeleineproject

RETWEETS   J'AIME
3   15

12:41 - 4 nov. 2015

clara beaudoux
@clarabdx

Heureusement j'ai re-regardé le carton "papeterie", celui avec le papier crépon et les étiquettes #Madeleineproject

J'AIME
14

12:44 - 4 nov. 2015

clara beaudoux
@clarabdx

Dedans il y a ce petit carnet, tu en as plusieurs,
ils ressemblent à mes petits Moleskine
#Madeleineproject

J'AIME
10

12:46 - 4 nov. 2015

---

clara beaudoux
@clarabdx

Et dedans, c'est un voyage en Hollande que tu
racontes Madeleine ! Presque heure par heure
#Madeleineproject

RETWEETS   J'AIME
3   11

12:52 - 4 nov. 2015

clara beaudoux
@clarabdx

Est-ce que toutes les grand-mères n'ont pas la même écriture ? #Madeleineproject

RETWEETS 9   J'AIME 71

12:53 - 4 nov. 2015

---

clara beaudoux
@clarabdx

"Midi : Willy commence à filmer". C'est qui Willy ? Il t'a filmé Madeleine ? En Hollande ? #Madeleineproject

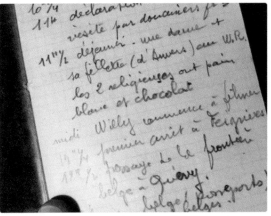

RETWEETS 3   J'AIME 9

12:58 - 4 nov. 2015

clara beaudoux
@clarabdx

Tu racontes ton voyage du 14 août au 8 septembre 1947, date à laquelle "Jacques" vient te chercher #Madeleineproject

J'AIME
10

13:04 - 4 nov. 2015

clara beaudoux
@clarabdx

Mais en plein milieu des pages du voyage, il y a une petite digression avec des pages "jardinage" #Madeleineproject

RETWEETS   J'AIME
2   9

13:08 - 4 nov. 2015

clara beaudoux
@clarabdx

Tu notes comment bien planter les jacinthes et les crocus, tu t'aides même avec des petits dessins #Madeleineproject

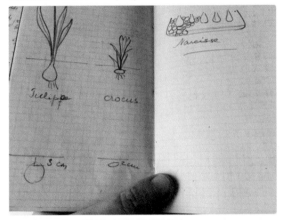

RETWEETS J'AIME
4   18

13:10 - 4 nov. 2015

clara beaudoux
@clarabdx

(Je suis nulle en jardinage, moi, Madeleine)

J'AIME
5

13:10 - 4 nov. 2015

clara beaudoux
@clarabdx

C'est bien du néerlandais ça ?
#Madeleineproject

RETWEETS 2 J'AIME 6

13:15 - 4 nov. 2015

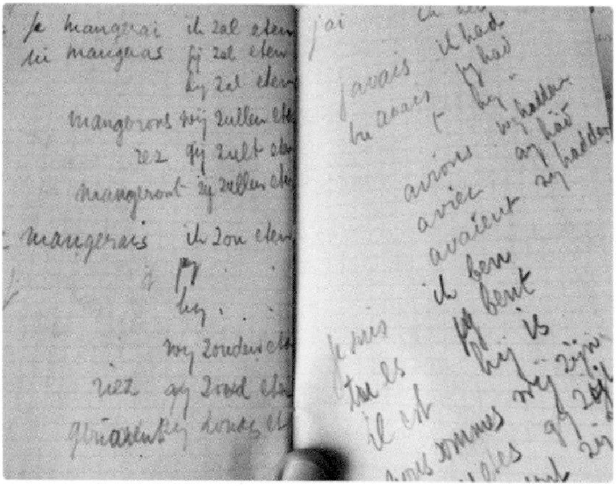

Dans le carton papeterie, il y aussi la liste de tes vacances. J'ai l'impression que tu me laisses des indices

![Liste manuscrite des vacances avec une photographie]

Vacances
1925 Cayeux
1926 Ault
1927 Montreaux
1928 St Girons. Cayeux
1929 Vic sur Cère
1930 Luc sur Mer
1931 Cayeux
1932 Carolles
1933 Montreaux Utrecht
1934 Montreaux
1935 Montreaux
1936 Montreaux Perros guirec
1937 Montreaux rayay midi

RETWEETS   J'AIME
6   31

13:17 - 4 nov. 2015

clara beaudoux
@clarabdx

Et puis, dans le carton papeterie, sous les
petites boîtes, dans une autre jolie boîte...
#Madeleineproject

J'AIME
5

13:18 - 4 nov. 2015

clara beaudoux
@clarabdx

Oh ! Plein de crayons Madeleine !
#Madeleineproject

RETWEETS   J'AIME
2   22

13:20 - 4 nov. 2015

clara beaudoux
@clarabdx

Et le bruit de tes crayons dans le silence de
cette cave #Madeleineproject

RETWEETS   J'AIME
6   43

13:23 - 4 nov. 2015

---

clara beaudoux
@clarabdx

Voilà pour aujourd'hui, demain on s'attaquera à
cette valise-là #Madeleineproject

RETWEETS   J'AIME
2   15

13:24 - 4 nov. 2015

Saison 1

clara beaudoux
@clarabdx

Chargée de la petite histoire dans la grande, ou de la grande dans la petite #Madeleineproject A demain !

RETWEETS   J'AIME
5   25

13:25 - 4 nov. 2015

Jour 3

71

JOUR 4

 clara beaudoux
@clarabdx

Pour les nouveaux, le résumé des épisodes
précédents ici : storify.com/clarabdx/madel...
#Madeleineproject

 #Madeleineproject SAISON 1 (with images, tweets) · clarabdx
A Social Media Story storified by clarabdx
storify.com

RETWEETS   J'AIME
8   10

10:40 - 5 nov. 2015

---

 clara beaudoux
@clarabdx

Pour les autres, d'abord un petit #update
concernant le carton du linge "tombé du
camion" #Madeleineproject

10:42 - 5 nov. 2015

clara beaudoux
@clarabdx

En fait sur le carton était écrit "linge cadeau", je
n'avais pas vu, et ça me semble plus cohérent
#Madeleineproject

RETWEET   J'AIME
1   5

10:45 - 5 nov. 2015

clara beaudoux
@clarabdx

Quelques petites choses avant la fameuse
valise. Madeleine avait beaucoup de livres
#Madeleineproject

RETWEET   J'AIME
1   8

10:47 - 5 nov. 2015

clara beaudoux
@clarabdx

Celui-ci notamment... "Croix-du-Sud ne répond plus" Hammond Ines #Madeleineproject

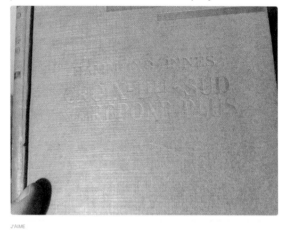

J'AIME
3

10:50 - 5 nov. 2015

---

 clara beaudoux
@clarabdx

Que tu avais oublié de rendre à la bibliothèque Madeleine ! #Madeleineproject

RETWEET   J'AIME
1   14

10:51 - 5 nov. 2015

clara beaudoux
@clarabdx

Il y a aussi "La Terre", j'ai le même sur mon étagère #Madeleineproject

RETWEETS 2   J'AIME 11

10:53 - 5 nov. 2015

clara beaudoux
@clarabdx

Et tes livres scolaires #Madeleineproject

RETWEETS 2   J'AIME 11

10:56 - 5 nov. 2015

clara beaudoux
@clarabdx

Un drôle de cap d'engagement physique dans
le projet, Madeleine :) #Madeleineproject

RETWEET J'AIME
1   25

10:59 - 5 nov. 2015

Jour 4

77

clara beaudoux
@clarabdx

Beaucoup de photos en vrac dans ces cartons,
mais là il y a un album fait avec minutie
#Madeleineproject

RETWEET J'AIME
1   9

11:03 - 5 nov. 2015

clara beaudoux
@clarabdx

Je te reconnais tout de suite sur les photos
maintenant Madeleine #Madeleineproject

RETWEET   J'AIME
1   22

11:05 - 5 nov. 2015

clara beaudoux
@clarabdx

Celle-là je la reconnais #Madeleineproject

J'AIME
6

11:08 - 5 nov. 2015

clara beaudoux
@clarabdx

C'est celle que tu avais décidé d'encadrer, dans un autre carton #Madeleineproject

J'AIME
8

11:08 - 5 nov. 2015

Jour 4

clara beaudoux
@clarabdx

Je photographie celle-là aussi, pour les petits #chats #cat #lolcat #Madeleineproject

RETWEETS J'AIME
2   12

11:10 - 5 nov. 2015

clara beaudoux
@clarabdx

Et je me rends compte que c'est aussi une que
tu avais décidé d'encadrer #Madeleineproject

RETWEETS   J'AIME
2   7

11:11 - 5 nov. 2015

clara beaudoux
@clarabdx

L'album n'est pas rempli jusqu'au bout, il reste
des pages Canson toutes noires, mais tout à la
fin... #Madeleineproject

11:14 - 5 nov. 2015

clara beaudoux
@clarabdx

A la fin de l'album, soudain, tout plein de petites
Madeleine, wahou ! #Madeleineproject

RETWEETS 15   J'AIME 46

11:18 - 5 nov. 2015

clara beaudoux
@clarabdx

Comme tu avais l'air rigolote, là, Madeleine
#Madeleineproject

RETWEETS 17   J'AIME 48

11:20 - 5 nov. 2015

clara beaudoux
@clarabdx

Dans ce carton il y a aussi une petite fiole d'eau de Lourdes, vide hein...Tu y croyais vraiment ?
#Madeleineproject

J'AIME
10

11:25 - 5 nov. 2015

clara beaudoux
@clarabdx

J'ouvre une espèce de pochette en carton maintenue avec une mince ficelle : des petits carnets #Madeleineproject

RETWEETS   J'AIME
4   7

11:28 - 5 nov. 2015

clara beaudoux
@clarabdx

Ce sont en fait des touts petits agendas, et leur nom ne pouvait pas s'inventer... !
#Madeleineproject

RETWEETS   J'AIME
4   16

11:30 - 5 nov. 2015

clara beaudoux
@clarabdx

Celui-là est "idéal", il y en a un pour chaque année de 1937 à 1942 #Madeleineproject

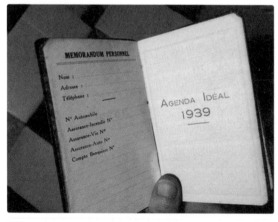

J'AIME
7

11:32 - 5 nov. 2015

clara beaudoux
@clarabdx

C'est écrit tellement petit, là aussi tu évoques
"Jacques" #Madeleineproject

J'AIME
8

11:35 - 5 nov. 2015

---

clara beaudoux
@clarabdx

Il y a là aussi quelques cahiers d'écolière, dont
celui-là d'octobre 1925, tu avais 10 ans
#Madeleineproject

RETWEETS   J'AIME
6   14

11:39 - 5 nov. 2015

clara beaudoux
@clarabdx

Et puis plein de voyages encore : Hollande, Bruges, Italie, Istanbul, Florence, Basse-Normandie #Madeleineproject

J'AIME
6

11:45 - 5 nov. 2015

clara beaudoux
@clarabdx

Et parce que tu aimais voyager justement Madeleine, les tweets sont dorénavant traduits en anglais ici @Madeleine_EN #MadeleineprojectEN

RETWEETS   J'AIME
5   10

11:52 - 5 nov. 2015

clara beaudoux
@clarabdx

C'est l'instant promo en effet, donc la page
Facebook est ici : facebook.com
/madeleineproje…

RETWEETS J'AIME
2   4

11:53 - 5 nov. 2015

---

 clara beaudoux
@clarabdx

Bref, mais alors, cette valise ?
#Madeleineproject

RETWEETS J'AIME
3   2

11:57 - 5 nov. 2015

clara beaudoux
@clarabdx

D'abord, sur le dessus, il y a un paquet
d'images, montrant plein de belles choses sur
Terre #Madeleineproject

J'AIME
5

12:07 - 5 nov. 2015

 clara beaudoux
@clarabdx

En premier il y a des étoiles, à gauche la
légende : "Moitié Nord de la nébuleuse de la
dentelle" #Madeleineproject

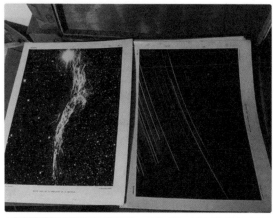

RETWEET   J'AIME
1   16

12:09 - 5 nov. 2015

clara beaudoux
@clarabdx

Et c'est marrant parce que dans le carton d'à côté il y a ta dentelle, Madeleine
#Madeleineproject

J'AIME
14

12:09 - 5 nov. 2015

 clara beaudoux
@clarabdx

Après il y a un tas de coupures de presse, de celles qui impressionnent... #Madeleineproject

RETWEET J'AIME
1   5

12:12 - 5 nov. 2015

88

Saison 1

clara beaudoux
@clarabdx

Parce qu'on n'a jamais vu ce nom en Une du
journal (janvier 1945) #Madeleineproject

RETWEETS 8 J'AIME 17

12:14 - 5 nov. 2015

clara beaudoux
@clarabdx

Sur les cartes quelqu'un a souligné plein de
villes en bleu #Madeleineproject

J'AIME
5

12:16 - 5 nov. 2015

clara beaudoux
@clarabdx

Des coupures qui vont de décembre 1944 à avril 1945, juste avant la fin de la guerre
#Madeleineproject

RETWEETS 4   J'AIME 8

12:19 - 5 nov. 2015

clara beaudoux
@clarabdx

Il y a ce dessin de l'Allemagne qui s'effondre
#Madeleineproject

J'AIME 4

12:21 - 5 nov. 2015

clara beaudoux
@clarabdx

Il y a aussi une coupure de 1947 : Leclerc inhumé aux Invalides #Madeleineproject

J'AIME
5

12:27 - 5 nov. 2015

clara beaudoux
@clarabdx

Et puis, dans la valise, sous les images du monde, sous les coupures de la guerre, il y a ça #Madeleineproject

RETWEETS   J'AIME
4   8

12:31 - 5 nov. 2015

clara beaudoux
@clarabdx

Des lettres, beaucoup, par paquets, un paquet jaune, un paquet bleu #Madeleineproject

RETWEETS   J'AIME
4   12

12:33 - 5 nov. 2015

clara beaudoux
@clarabdx

Laissez-moi vous présenter : "Loulou"
#Madeleineproject

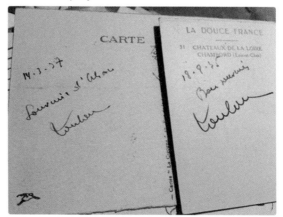

RETWEETS J'AIME
2   12

12:34 - 5 nov. 2015

---

clara beaudoux
@clarabdx

En 1935, en 1937, il envoie des cartes à la
famille, "bons souvenirs", "chers amis"
#Madeleineproject

J'AIME
6

12:35 - 5 nov. 2015

---

clara beaudoux
@clarabdx

Ces paquets de lettres, j'ai d'abord cru qu'elles
étaient celles d'un père à sa fille qui lui disait
"Mon tout petit" #Madeleineproject

J'AIME
6

12:38 - 5 nov. 2015

clara beaudoux
@clarabdx

Et puis j'ai lu au hasard celle du "11 octobre 1939, 21h30" #Madeleineproject

J'AIME
5

12:40 - 5 nov. 2015

---

clara beaudoux
@clarabdx

"Mon tout petit"... #Madeleineproject

J'AIME
6

12:41 - 5 nov. 2015

---

clara beaudoux
@clarabdx

"Sois tranquille, ma petite chérie, je n'oublie pas ma petite femme que j'aime" #Madeleineproject

RETWEETS   J'AIME
3   15

12:42 - 5 nov. 2015

---

clara beaudoux
@clarabdx

"Et je lui écrirai le plus souvent que je pourrai." #Madeleineproject

RETWEET   J'AIME
1   6

12:43 - 5 nov. 2015

94

clara beaudoux
@clarabdx

"Comme je suis sûr qu'elle en fera autant, je l'embrasse dans son petit cou"
#Madeleineproject

RETWEET J'AIME
1   13

12:43 - 5 nov. 2015

---

clara beaudoux
@clarabdx

Ils se conseillent des lectures, Loulou lui parle de ses "grillages anti-papillons" (?)
#Madeleineproject

J'AIME
8

12:45 - 5 nov. 2015

---

clara beaudoux
@clarabdx

"L'automne s'avance : les bois sont magnifiques, les feuilles jaunissent et prennent des teintes superbes" #Madeleineproject

RETWEETS J'AIME
3   17

12:46 - 5 nov. 2015

---

clara beaudoux
@clarabdx

"Dommage encore une fois que tout cela soit en état de siège" écrit Loulou (1939)
#Madeleineproject

J'AIME
5

12:47 - 5 nov. 2015

clara beaudoux
@clarabdx

Loulou dit qu'il a bien reçu ses lettres :
"Continue, mon tout petit, à m'écrire ce que tu
fais là-bas, parle-moi de toi" #Madeleineproject

J'AIME
9

12:53 - 5 nov. 2015

---

clara beaudoux
@clarabdx

"Parle-moi de toi, de tout, que je vive avec toi le
plus possible, malgré la distance qui nous
sépare" #Madeleineproject

RETWEETS   J'AIME
3   28

12:53 - 5 nov. 2015

---

clara beaudoux
@clarabdx

Je comprends qu'elle est à Aix, lui à Paris
#Madeleineproject

J'AIME
7

12:54 - 5 nov. 2015

---

clara beaudoux
@clarabdx

"Tu me dis, mon petit chou, que tu regrettes
maintenant les bons moments que nous avons
passés pendant les vacances" #Madeleineproject

RETWEET   J'AIME
1   10

12:55 - 5 nov. 2015

clara beaudoux
@clarabdx

"Il ne faut pas regretter tout cela, mais au contraire n'en conserver que les bons souvenirs" #Madeleineproject

RETWEETS   J'AIME
4   23

12:56 - 5 nov. 2015

---

clara beaudoux
@clarabdx

"Regrettons, si tu veux, de n'en avoir pas profité davantage, et encore." #Madeleineproject

RETWEETS   J'AIME
4   20

12:56 - 5 nov. 2015

---

clara beaudoux
@clarabdx

(Il avait l'air bien ton Loulou, Madeleine) #Madeleineproject

RETWEETS   J'AIME
2   28

12:56 - 5 nov. 2015

---

clara beaudoux
@clarabdx

J'ai d'abord cru que c'était pour une enfant, parce qu'il t'appelle parfois "mon petit Kiki" qui deviendra "mon petit Ki" #Madeleineproject

J'AIME
4

13:02 - 5 nov. 2015

clara beaudoux
@clarabdx

"A bientôt mon petit chou, je t'embrasse comme je t'aime" – Tu as 24 ans Madeleine #Madeleineproject

RETWEETS   J'AIME
10   21

13:03 - 5 nov. 2015

---

 clara beaudoux
@clarabdx

Et là je réalise que tu as numéroté les lettres, Madeleine... #Madeleineproject

RETWEETS   J'AIME
5   13

13:07 - 5 nov. 2015

clara beaudoux
@clarabdx

Madeleine note aussi les dates de réception des lettres #Madeleineproject

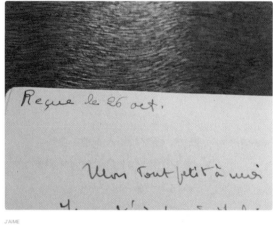

J'AIME
7

13:14 - 5 nov. 2015

clara beaudoux
@clarabdx

Mais j'ai l'impression qu'il en manque quelques-unes ? #Madeleineproject

J'AIME
4

13:10 - 5 nov. 2015

clara beaudoux
@clarabdx

Les lettres sont très rapprochées entre
septembre 1939 et mai 1940 #Madeleineproject

RETWEET   J'AIME
1   4

13:15 - 5 nov. 2015

---

 clara beaudoux
@clarabdx

Loulou se plaint que le courrier va trop
lentement "je doute que cela puisse aller plus
vite, il faudra nous habituer" #Madeleineproject

RETWEET   J'AIME
1   10

13:16 - 5 nov. 2015

---

 clara beaudoux
@clarabdx

A partir du 15 mai 1940, les courriers sont très
espacés, un en juillet, un en septembre, un en
mars pour son anniversaire #Madeleineproject

RETWEET   J'AIME
1   4

13:19 - 5 nov. 2015

Saison 1

---

 clara beaudoux
@clarabdx

En juillet 40, Loulou indique à Madeleine qu'un
"Jacques" (encore) est "prisonnier en Allemagne
et en bonne santé" #Madeleineproject

J'AIME
5

13:23 - 5 nov. 2015

clara beaudoux
@clarabdx

Il y a des lettres de Loulou jusqu'en 1943, il semble toujours à Paris #Madeleineproject

J'AIME
4

13:26 - 5 nov. 2015

clara beaudoux
@clarabdx

Et après 1943, que s'est-il passé pour Loulou ? Et entre toi et Loulou ? #Madeleineproject

RETWEETS   J'AIME
2   4

13:27 - 5 nov. 2015

---

clara beaudoux
@clarabdx

Il faudra prendre le temps de lire toutes ces lettres, ce sera fait dans un deuxième temps #Madeleineproject

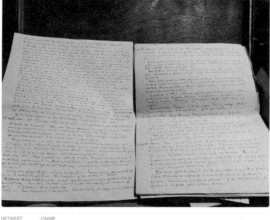

RETWEET   J'AIME
1   14

13:28 - 5 nov. 2015

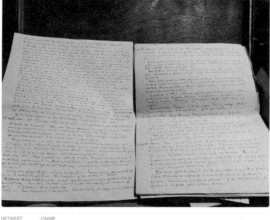

Jour 4

101

clara beaudoux
@clarabdx

En tout cas j'ai bien compris Madeleine : cette
valise c'est celle de Loulou #Madeleineproject

RETWEETS   J'AIME
6   20

13:31 - 5 nov. 2015

clara beaudoux
@clarabdx

Je vais en prendre soin, c'est d'ailleurs la seule
que j'ai remontée chez moi #Madeleineproject

RETWEETS   J'AIME
5   17

13:32 - 5 nov. 2015

clara beaudoux
@clarabdx

Pour terminer, une image raccord sur le thème :
celle des plats à gâteaux de Madeleine
#Madeleineproject

RETWEETS   J'AIME
7   23

13:34 - 5 nov. 2015

clara beaudoux
@clarabdx

Et mon petit cœur tout petit face à la prise de
conscience de ce cadeau énorme que tu m'as
laissé #Madeleineproject A demain

RETWEETS   J'AIME
18   91

13:36 - 5 nov. 2015

JOUR 5

clara beaudoux
@clarabdx

Parfois je me demande si je vais venir à bout de cette cave, de ton joli bazar #Madeleineproject

RETWEET J'AIME
1 19

10:36 - 6 nov. 2015

clara beaudoux
@clarabdx

J'ai ouvert cette petite boîte, ça a fait "poc", et
une petite fumée blanche est sortie
#Madeleineproject

RETWEETS   J'AIME
2   17

10:38 - 6 nov. 2015

clara beaudoux
@clarabdx

On retrouve Bourges, ton lieu de naissance
#Madeleineproject

J'AIME
4

10:41 - 6 nov. 2015

Saison 1

clara beaudoux
@clarabdx

Et tiens ça, qu'est-ce que c'est ? On met quoi dedans ? #Madeleineproject

J'AIME
3

10:42 - 6 nov. 2015

 clara beaudoux
@clarabdx

So chic, tu as même un manteau de fourrure. Oui je pense que Madeleine avait un certain standing #Madeleineproject

J'AIME
5

10:45 - 6 nov. 2015

clara beaudoux
@clarabdx

(J'ai pas eu envie de l'essayer celui-là)

10:45 - 6 nov. 2015

---

clara beaudoux
@clarabdx

Et puis je vais me permettre de le dire, il y a aussi des trucs moches dans cette cave #Madeleineproject

RETWEET J'AIME
1 5

10:46 - 6 nov. 2015

---

clara beaudoux
@clarabdx

Il y a ça par exemple #Madeleineproject

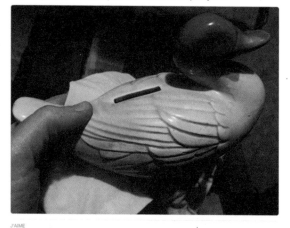

J'AIME
11

10:49 - 6 nov. 2015

clara beaudoux
@clarabdx

Et puis ce chandelier. J'imagine ça dans mon
(notre) appartement... #Madeleineproject

RETWEET   J'AIME
1   4

10:51 - 6 nov. 2015

clara beaudoux
@clarabdx

Je retourne maintenant dans une valise du tout début, pour regarder à nouveau, et mieux #Madeleineproject

RETWEETS
3

J'AIME
7

10:54 - 6 nov. 2015

clara beaudoux
@clarabdx

C'est la valise où il y avait notamment l'enveloppe de Martial #Madeleineproject

clara beaudoux @clarabdx
Dans l'enveloppe "Martial" (son frère ?) il y a sa plaque de l'armée, son permis, et une lettre... #Madeleineproject

J'AIME
1

10:58 - 6 nov. 2015

clara beaudoux
@clarabdx

Eh bien grâce au travail précieux de
@Freddinette et @HerveMarchon nous sommes
en mesure de révéler que : #Madeleineproject

J'AIME
2

10:59 - 6 nov. 2015

---

clara beaudoux
@clarabdx

Martial n'est pas son frère, mais son cousin !
#Madeleineproject

J'AIME
13

10:59 - 6 nov. 2015

---

clara beaudoux
@clarabdx

Madeleine serait fille unique, semble-t-il
#Madeleineproject   111

RETWEETS   J'AIME
4   3

11:02 - 6 nov. 2015

---

clara beaudoux
@clarabdx

Sa mère s'appelle Raymonde (oui, celle du
service à thé) #Madeleineproject

clara beaudoux @clarabdx
Il y a aussi le service à thé de Raymonde. C'est qui Raymonde ?
#Madeleineproject

J'AIME
4

11:04 - 6 nov. 2015

Jour 5

clara beaudoux
@clarabdx

Son père s'appelle Henri. "Henri Raymonde Madeleine" #Madeleineproject

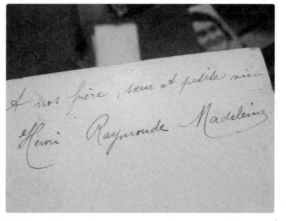

RETWEET 1   J'AIME 6

11:07 - 6 nov. 2015

clara beaudoux
@clarabdx

Les voilà tous les trois #Madeleineproject

RETWEETS 9   J'AIME 48

11:08 - 6 nov. 2015

clara beaudoux
@clarabdx

Oh petite Madeleine... #Madeleineproject

Voir la traduction

RETWEETS J'AIME
6   49

clara beaudoux
@clarabdx

Et je pense qu'il sera difficile de remonter plus loin "Madeleine t'envoie sa photo à trois mois" écrit Raymonde au dos : #Madeleineproject

J'AIME
6

11:14 - 6 nov. 2015

clara beaudoux
@clarabdx

Bébé Madeleine est en photo dans le cadre gris, déjà en voyage... #Madeleineproject

J'AIME
20

11:15 - 6 nov. 2015

clara beaudoux
@clarabdx

Je crois en fait que tu collectionnais les trèfles à quatre feuilles #Madeleineproject

J'AIME
10

11:18 - 6 nov. 2015

clara beaudoux
@clarabdx

Ah j'ai oublié de vous parler de cette grosse
loupe que j'ai trouvée, elle m'a bien inspirée en
terme photographique... #Madeleineproject

J'AIME
3

11:39 - 6 nov. 2015

---

 clara beaudoux
@clarabdx

(Eh oui, j'y ai passé du temps)
#Madeleineproject

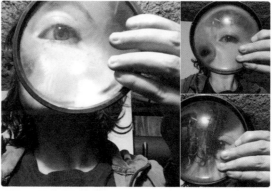

J'AIME
12

11:41 - 6 nov. 2015

clara beaudoux
@clarabdx

Et maintenant, il va bien falloir que je vous le dise... #Madeleineproject

RETWEET 1   J'AIME 2

11:44 - 6 nov. 2015

---

clara beaudoux
@clarabdx

Dans cette valise dans laquelle je suis retournée, les choses étaient différentes #Madeleineproject

RETWEETS 2   J'AIME 6

11:47 - 6 nov. 2015

---

clara beaudoux
@clarabdx

Parce que je te connais un peu mieux maintenant #Madeleineproject

J'AIME
5

11:47 - 6 nov. 2015

clara beaudoux
@clarabdx

Au fond de la valise, bien à plat, une enveloppe
blanche, avec une croix en haut à gauche
#Madeleineproject

J'AIME
2

11:49 - 6 nov. 2015

---

 clara beaudoux
@clarabdx

Une enveloppe collée. Une enveloppe fermée.
#Madeleineproject

J'AIME
4

11:50 - 6 nov. 2015

---

 clara beaudoux
@clarabdx

J'ai hésité. Et puis j'ai pris un de tes petits
ciseaux argentés rouillés, dans un des cartons
#Madeleineproject

117

J'AIME
9

11:52 - 6 nov. 2015

---

clara beaudoux
@clarabdx

Doucement, j'ai découpé. C'est la seule fois,
ces jours-ci, où je me suis sentie déplacée de
faire ça #Madeleineproject

J'AIME
11

11:56 - 6 nov. 2015

clara beaudoux
@clarabdx

Un petit faire part, aux bords noirs. J'avais
trouvé son nom la veille sur une carte de visite
dans sa valise #Madeleineproject

RETWEET J'AIME
1   6

12:00 - 6 nov. 2015

---

clara beaudoux
@clarabdx

Loulou est mort "le 23 novembre 1943, à l'âge
de 31 ans" #Madeleineproject

RETWEETS J'AIME
9   17

12:03 - 6 nov. 2015

---

clara beaudoux
@clarabdx

Et moi justement je fête mes 31 ans
aujourd'hui... #Madeleineproject

RETWEETS J'AIME
4   35

12:07 - 6 nov. 2015

Saison 1

---

clara beaudoux
@clarabdx

Loulou était "licencié en droit" indique le faire-
part en capitales juste sous son nom
#Madeleineproject

J'AIME
5

12:10 - 6 nov. 2015

clara beaudoux
@clarabdx

Comment est mort Loulou ? Je ne sais pas, mais c'est le plus grand moment d'émotion pour moi dans cette cave #Madeleineproject

RETWEETS J'AIME
9   37

12:11 - 6 nov. 2015

---

clara beaudoux
@clarabdx

La dernière lettre de Loulou remonte au 1er mars 1943, que s'est-il passé entre mars et novembre ? #Madeleineproject

RETWEET J'AIME
1   4

12:15 - 6 nov. 2015

---

clara beaudoux
@clarabdx

Il ne fait état de rien de spécial et termine en embrassant "sa petite femme qu'[il] aime plus que tout" #Madeleineproject

RETWEET J'AIME
1   4

12:15 - 6 nov. 2015

---

clara beaudoux
@clarabdx

Sur le faire-part est indiqué "de la part de" : "Mr et Mme *Loulou*, ses Parents ; Mademoiselle Madeleine, sa Fiancée" #Madeleineproject

J'AIME
10

12:19 - 6 nov. 2015

clara beaudoux
@clarabdx

Il y a autre chose, c'est cette histoire
d'enveloppe, mais c'est compliqué à expliquer
:-/ #Madeleineproject

J'AIME
5

12:26 - 6 nov. 2015

---

clara beaudoux
@clarabdx

J'essaie. En fait le faire-part de Loulou était
dans une enveloppe fermée avec un autre faire
part de décès dedans #Madeleineproject

J'AIME
4

12:30 - 6 nov. 2015

---

clara beaudoux
@clarabdx

L'autre faire-part date de 1972, c'est celui du
décès de ta marraine #Madeleineproject

J'AIME
3

12:32 - 6 nov. 2015

---

clara beaudoux
@clarabdx

Et l'enveloppe est à la taille du faire-part de
décès de ta marraine #Madeleineproject

J'AIME
3

12:32 - 6 nov. 2015

clara beaudoux
@clarabdx

C'est donc, qu'en 1972, tu y as glissé le faire-part de Loulou (bien plus petit), et c'est là que tu as collé l'enveloppe #Madeleineproject

J'AIME
4

12:33 - 6 nov. 2015

---

clara beaudoux
@clarabdx

En 1972... Alors où gardais-tu le faire-part de Loulou depuis 1943 ? #Madeleineproject

RETWEET   J'AIME
1   5

12:34 - 6 nov. 2015

---

clara beaudoux
@clarabdx

A-t-il fallu trente ans pour que tu finisses par le ranger ? #Madeleineproject

RETWEET   J'AIME
1   8

12:37 - 6 nov. 2015

---

clara beaudoux
@clarabdx

Et je comprends mieux maintenant pourquoi tu avais numéroté ses lettres #Madeleineproject

 clara beaudoux @clarabdx
Et là je réalise que tu as numéroté les lettres, Madeleine...
#Madeleineproject

J'AIME
6

12:42 - 6 nov. 2015

clara beaudoux
@clarabdx

J'ai retrouvé une lettre de Madeleine pour
Loulou, qui n'est jamais arrivée à destination
#Madeleineproject

RETWEET   J'AIME
1   8

12:50 - 6 nov. 2015

---

clara beaudoux
@clarabdx

Elle est datée du "6 juin 1940 17h"
#Madeleineproject

RETWEET   J'AIME
1   5

12:51 - 6 nov. 2015

---

clara beaudoux
@clarabdx

"Mon grand, Il faut que je commence tout de
suite par le plus désagréable, c'est-à-dire par
vous gronder, Monsieur." #Madeleineproject

J'AIME
6

12:55 - 6 nov. 2015

Saison 1

clara beaudoux
@clarabdx

Elle dit avoir reçu une lettre d'une dame qui lui
disait que dimanche "étaient passés 20 avions"
au-dessus de chez Loulou #Madeleineproject

J'AIME
4

12:57 - 6 nov. 2015

clara beaudoux
@clarabdx

"Les mitrailleuses marchaient" écrit Madeleine
#Madeleineproject

J'AIME
3

12:57 - 6 nov. 2015

---

 clara beaudoux
@clarabdx

"Loulou qui les regardait passer" a dit la dame à
Madeleine, "eh ! bien, ça ce n'est pas gentil !"
dit Madeleine à Loulou #Madeleineproject

J'AIME
3

12:59 - 6 nov. 2015

---

 clara beaudoux
@clarabdx

"J'apprends que tu restes le nez en l'air à les
regarder passer" #Madeleineproject

J'AIME
2

13:01 - 6 nov. 2015

---

clara beaudoux
@clarabdx

"Regarde par la fenêtre, si tu y tiens, mais ne
reste pas dehors je t'en prie !" #Madeleineproject

J'AIME
2

13:02 - 6 nov. 2015

clara beaudoux
@clarabdx

Madeleine n'a pas l'air en grande forme : "tout me dégoûte. Je n'entreprends plus rien, je ne lis presque plus" #Madeleineproject

RETWEET J'AIME
1   3

13:04 - 6 nov. 2015

---

clara beaudoux
@clarabdx

"Il faut pourtant réagir" dit-elle, pas du genre à se laisser abattre ma Madeleine #Madeleineproject

J'AIME
10

13:06 - 6 nov. 2015

clara beaudoux
@clarabdx

Et puis plus loin elle parle de leur première fois, je crois, et ça je nous le garde #Madeleineproject

RETWEET J'AIME
1   20

13:07 - 6 nov. 2015

---

clara beaudoux
@clarabdx

Juste, je leur dis, que tu dis dans une phrase : "c'est aussi beau, aussi doux" #Madeleineproject

J'AIME
17

13:08 - 6 nov. 2015

clara beaudoux
@clarabdx

Et tu conclus ainsi : "C'est réconfortant de s'aimer si bien, dis mon grand, surtout en ce moment !" #Madeleineproject

RETWEETS   J'AIME
8   25

13:11 - 6 nov. 2015

clara beaudoux
@clarabdx

"Au revoir, Loulou chéri." #Madeleineproject

RETWEETS   J'AIME
3   17

13:12 - 6 nov. 2015

---

clara beaudoux
@clarabdx

Voilà, je crois que j'ai fait le tour que je voulais faire cette semaine, dans cette cave #Madeleineproject

RETWEET   J'AIME
1   5

13:14 - 6 nov. 2015

clara beaudoux
@clarabdx

Reste beaucoup de choses à éplucher : photos,
documents, lettres de Loulou. Je n'imaginais
pas tout ça... #Madeleineproject

J'AIME
5

13:15 - 6 nov. 2015

---

clara beaudoux
@clarabdx

Et plein de questions : quoi faire de tout ça
maintenant ? Qu'aurais-tu pensé ?
#Madeleineproject

J'AIME
9

13:16 - 6 nov. 2015

---

clara beaudoux
@clarabdx

Et puis qui est-elle, celle qui fait des
bonshommes de neige sur ses lettres ?
#Madeleineproject

J'AIME
9

13:17 - 6 nov. 2015

clara beaudoux
@clarabdx

Je voudrais aussi savoir où tu es enterrée, et
comment tu avais agencé notre appartement
#Madeleineproject

RETWEETS J'AIME
2   15

13:18 - 6 nov. 2015

---

clara beaudoux
@clarabdx

Sur le balcon quand je suis arrivée il y avait plein
de graines, il paraît que tu donnais à manger
aux oiseaux #Madeleineproject

J'AIME
8

13:20 - 6 nov. 2015

---

clara beaudoux
@clarabdx

Bref, disons que c'est la fin de la saison 1 du
#Madeleineproject

RETWEETS J'AIME
2   12

13:20 - 6 nov. 2015

127

Jour 5

---

clara beaudoux
@clarabdx

Il s'est passé un truc un peu magique dans tout
ça, l'impression d'ouvrir les boîtes dans le bon
ordre #Madeleineproject

J'AIME
17

13:21 - 6 nov. 2015

clara beaudoux
@clarabdx

Merci à tous pour votre participation et vos
mots. Et vos théories plus ou moins farfelues ;-)
#Madeleineproject

RETWEET   J'AIME
1   21

13:22 - 6 nov. 2015

---

 clara beaudoux
@clarabdx

Merci à @ronez et @Iris_Oho pour avoir rendu
ce projet (parti de ma cave) totalement
international @Madeleine_EN
#MadeleineprojectEN

RETWEETS   J'AIME
2   6

13:27 - 6 nov. 2015

---

 clara beaudoux
@clarabdx

Ah mais attendez... et cette valise-là c'est quoi
? #Madeleineproject

J'AIME
13

13:28 - 6 nov. 2015

clara beaudoux
@clarabdx

Je m'approche, les ouvertures claquent dans le
silence, et là... #Madeleineproject

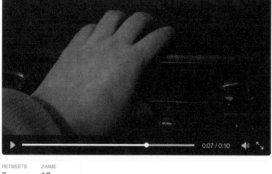

0:07 / 0:10

RETWEETS J'AIME
3   13

13:32 - 6 nov. 2015

---

clara beaudoux
@clarabdx

Et là... ? A suivre... #Madeleineproject Pour être
tenu au courant d'une éventuelle suite :
facebook.com/madeleineproje... A bientôt,
merci !!

RETWEETS J'AIME
12   19

13:35 - 6 nov. 2015

clara beaudoux
@clarabdx

~ A Madeleine. ~

RETWEETS   J'AIME
18   84

13:36 - 6 nov. 2015

IL AURA
FALLU ARRÊTER
LE TEMPS

"Mon hypothèse de travail était que toute mémoire un peu longue est plus structurée qu'il ne semble. Que des photos prises apparemment par hasard, des cartes postales choisies selon l'humeur du moment, à partir d'une certaine quantité commencent à dessiner un itinéraire, à cartographier le pays imaginaire qui s'étend au-dedans de nous."

Chris Marker

Cela faisait plusieurs années que j'errais d'un studio à l'autre. Je ne me sentais chez moi nulle part. En juillet 2013, j'ai atterri dans ce petit appartement. Et je ne pensais pas que, grâce aux secrets qu'il renfermait, il en sortirait un jour un livre.

Mes premières notes concernant Madeleine traînent sur des feuilles éparses, dans un dossier, là où je garde le bail, les quittances de loyer et le diagnostic de performance énergétique de ce logement. Dès les premières semaines, je me suis dit qu'il fallait que je conserve les traces de la vie de cette femme. Aujourd'hui, je me demande encore pourquoi j'ai estimé, instinctivement, que c'était important. Dans ce dossier, j'ai rangé la petite plaquette grise en métal avec son nom qui se trouvait sur la boîte aux lettres. J'ai aussi conservé un courrier publicitaire pour une assurance, dans son enveloppe, qui m'avait indiqué son prénom. Dans cette chemise cartonnée, il y a de plus un plan, celui des caves de l'immeuble, donné par l'agence immobilière. La cave numéro 16 est entourée. Je ne pensais pas que j'y passerai tant de temps.

Je me souviens avoir commencé à me poser des questions sur Madeleine quand j'ai nettoyé l'appartement avant de m'y installer. Sur le balcon, au sol, les interstices entre les pierres étaient remplis de graines que l'on donne à manger aux oiseaux. La bouche d'aspiration de la cuisine était, elle, pleine de graisse. Mon père suppose qu'elle avait dû régulièrement faire frire des frites au cours des années passées.

Au début, j'ai fait quelques allers-retours dans cette cave. Cependant mon emploi ne me permettait pas de me lancer dans une enquête approfondie de ce qu'elle contenait. Et puis, que faire de tout ce que je pouvais découvrir entre ces quatre murs ? J'y suis descendue à quelques reprises seulement pour y mettre un peu d'ordre, jeter des choses qui pourrissaient. J'ai eu le réflexe pourtant de photographier chaque objet que j'ai jeté. J'avais comme l'intuition qu'il faudrait en faire quelque chose, que ce n'était pas possible de se débarrasser de tout cela de cette façon. J'ai par exemple une photographie d'un matelas une place. L'étiquette y indique *"quiétude, élégance"*, avec une femme allongée au-dessus, sereine, à l'opposé de l'état de putréfaction du matelas, recouvert par un plastique chargé de protéger le reste des affaires d'une sorte de jus qui s'en dégageait.

À ce propos, je fus étonnée par l'immensité du spectre de couleurs que la pourriture peut procurer aux choses.

J'avais donné un vase issu de la cave à l'agent immobilier qui m'avait aidé à obtenir l'appartement. Quand il découvrit mon projet, il me proposa de me le rendre. Je me souviens lui avoir demandé "où ?" quand il m'avait indiqué que la locataire précédente était décédée. Je ne croyais pourtant déjà pas aux fantômes, mais sait-on jamais.

Avec ma famille, nous avons examiné quelques objets, et j'ai fait quelques clichés de ceux-ci. Ce sont ceux que j'ai utilisés pour le tout début de cette "Saison 1". Puis j'ai placé à côté ma tente de camping, mes *moon-boots* pour les trois jours de neige annuels parisiens, mon djembé – eh oui ! –, ma table basse Ikéa que je n'utilise plus, le carton vide de ma télévision à la place du carton vide de "son Téléviseur", puis j'ai refermé le cadenas de cette cave. Pour un certain temps.

*

Jusqu'à l'année 2015. J'avais décidé qu'elle serait pour moi "l'année de la radicalité". Dans le sens où j'avais prévu de suivre mes envies, uniquement celles-ci, fatiguée d'accepter celles des autres, de se contenter de peu de chose, d'être raisonnable. "Radicale", ce terme a pris un tout autre sens, forcément, vu les événements tragiques de 2015...

J'ai eu envie de quitter l'actualité, je me suis passionnée pour le documentaire. J'ai compris alors l'intérêt d'assumer sa subjectivité. On me conseilla aussi, un jour, d'"écouter mon cœur". Je n'explique pas bien comment toutes ces nouvelles directions m'ont amenée à imaginer de live-tweeter le contenu de ma cave... Il n'empêche, la veille de la Saison 1, j'écrivais à mon frère : "J'ai l'impression que je vais me jeter dans le vide." Il m'a répondu : "Eh bien saute."

En parallèle de mes tweets, j'ai commencé à tenir un journal de bord, pour noter mes impressions au fur et à mesure. À ma plus grande

133

surprise, cette saison 1 toucha rapidement une très large audience sur les réseaux sociaux. Je me suis retrouvée au milieu de la tornade, alors que j'avais l'habitude d'être de l'autre côté, celui des journalistes. J'ai eu un peu peur, il me faut vous l'avouer.

En même temps, j'ai été très touchée que de si petites choses puissent tant intéresser des internautes de tous âges. Ces petits détails infimes, ces microsouvenirs, ces pétales séchés, ces crayons vieillis... Toute cette beauté du quotidien, qu'on oublie souvent de regarder, pouvait se révéler. Le fait que l'infime puisse ainsi toucher tant de personnes, m'a redonné un peu confiance en ce que nous sommes, en ce que nous pouvons aimer. Je me suis accrochée à cette idée.

J'ai aussi été frappée par tous ceux qui ont voulu m'aider, et je leur en suis reconnaissante. Des dizaines de personnes, des généalogistes amateurs prêt à chercher pour moi qui avaient été les aïeuls, les parents et grands-parents, cousins ou tantes de Madeleine, ainsi que tous ces internautes qui imaginaient eux aussi la vie de cette femme, Madeleine. Son histoire devint une histoire entre eux, elle et moi.

J'ai très mal dormi la première semaine. J'écrivais chaque tweet dans ma tête. Je me suis mise à dire “tu” spontanément, en moi-même d'abord, mais j'ai réfréné cette tentation de tutoyer cette femme que je découvrais petit à petit. Puis j'ai accepté que cette aventure, nous l'entreprenions toutes les deux, j'ai accepté qu'après le “je” viendrait le “tu”, j'ai accepté que notre relation fasse partie de l'histoire. Une question insoluble me tourmentait cependant : Qu'aurais-tu pensé de tout cela, Madeleine ? Sans réponse, j'ai tout fait pour être la plus respectueuse possible de ta vie. J'ai entamé cette enquête avec la plus grande bienveillance qu'il m'était possible d'avoir pour elle, pour chacune de ses affaires. Même dans mes gestes, j'y suis allée délicatement, à tâtons pour ouvrir les lettres, déplacer les objets pour les photographier, pour ne surtout rien abîmer.

Et tout d'un coup les questions se sont multipliées : En ai-je le droit ? De dévoiler ainsi tes affaires ? Ta vie ? M'en aurais-tu voulu ? Est-ce que "tu me vois" ? Est-ce que le hasard existe ? Est-ce que la magie existe ? Pourquoi ai-je attendu deux ans ? Pourquoi ai-je entrepris tout ça ? Pourquoi tout ce travail résonne comme ça en moi ? Entre toi et moi ? Et puis pour tous ceux qui se sont intéressés à ce projet ? Est-ce que quelqu'un va m'attaquer en justice ? Est-ce que c'est une convocation pour aller se présenter au tribunal quand ça sonne à ma porte ? Est-ce que quelqu'un va tout vouloir reprendre ? Et les voisins, qu'en penseront-ils ? Ceux qui t'ont connu ? Que diront-ils ? M'en voudront-ils ? Ai-je le droit d'interroger ainsi ton jardin secret ? Comment en lever un voile sans te trahir ? Peut-on craindre de trahir une personne qu'on ne connaissait pas ? Est-ce que je ne te connais pas un peu, finalement ?

Pourquoi gardais-tu tellement de choses ? Pourquoi rangeais-tu si bien ? Espérais-tu que quelqu'un tombe sur toutes tes affaires ? Qu'aurais-tu fait, toi, en tombant sur tout cela ? Pourquoi certains d'entre nous gardent tout ? Et que d'autres jettent tout ?

À quoi pensais-tu, Madeleine ? À quoi rêvais-tu ? Quels paysages aimais-tu ? Qu'est-ce qui t'émouvait ? Comment voyais-tu la vie ? À quoi ressemblait ta voix ? Comment voyais-tu l'avenir avec Loulou ? T'es-tu un jour remise de sa mort ? Comment te représentais-tu le monde ? Et l'au-delà ? Quels étaient tes désirs de femme, tes joies, tes colères, tes croyances ?

Pourquoi imprimer tous ces tweets ? Imprimer l'immatériel ? Pour garder une trace ? Pour garder la mémoire de ta mémoire ?

Est-ce que c'est une lutte contre l'oubli ? Contre l'effacement ? Contre la mort ? Pourquoi est-ce que je m'intéresse tant à toi ? Alors que je n'ai jamais fait un tel travail sur mes propres grands-parents, qui sont aujourd'hui décédés ? Que restera-t-il de nous ?

*

Et puis, après une semaine d'intense beauté, le 13 novembre est arrivé. Un voile de tristesse a tout recouvert.

J'ai attendu quelque temps avant de reprendre mon enquête. Un internaute a découvert le Madeleine project juste après les attentats. Il m'a écrit que "ça lui redonnait foi en la vie". Et je me suis dit que la beauté serait mon arme. J'ai décidé de suivre cette ligne radicale, celle d'"écouter ton cœur".

Une ligne pour rester "juste", pour suivre le droit chemin. C'est cette idée en laquelle je crois, et je ne veux écouter que celle-ci désormais. Dès que je me replonge dans ce projet, j'ai le cœur gros, le souffle court. Tant que je ressentirai ça, ça ira. Ce n'est que lorsque je ne ressentirai plus rien, qu'il me faudra tout arrêter.

Petit à petit, je me suis mise à rêver de Madeleine. Moi petite dans une chaise de bébé, elle derrière avec des lunettes de soleil, ou encore nous deux petites filles jouant ensemble… J'ai culpabilisé, aussi, quand j'ai travaillé sur d'autres projets par la suite, durant quelques semaines. C'était comme si je l'abandonnais. En fait, j'ai peur qu'un jour ce projet disparaisse, m'échappe, se volatilise, comme si ce n'était qu'un rêve passé…

*

Ma réflexion a ensuite avancé sur plusieurs points parce que j'ai beaucoup parlé de ce projet. J'aime ce travail parce que je l'ai mené seule, sans chef, sans contrainte, sans respecter aucune forme préexistante. Personne pour me dire si je devais "faire du journalisme", adopter une démarche documentaire, de la littérature, de la fiction. Ou s'il me fallait ajouter du son, de l'image, de la vidéo. Je suis totalement libre avec Madeleine, et c'est ce qui a permis cette histoire. Je crois réellement que cette liberté est précieuse, qu'elle ouvre le champ des possibles.

Je me souviens de cet homme de radio qui disait que les reportages les plus poignants ne sont pas forcément au bout du monde, mais parfois au coin de la rue. Pour moi, il avait simplement fallu ouvrir une porte, celle de ma cave, pour que l'aventure commence.

Je trouve ça émouvant que ce projet devienne participatif, qu'il crée des liens, alors que cette femme a fini si seule. Je trouve ça beau aussi, qu'autant de gens s'intéressent désormais à chacune de ses affaires, des affaires qui auraient dû finir à la benne. Je trouve ça fantastique, enfin, que tant de gens y reconnaissent leurs grands-parents, leurs histoires, leurs souvenirs, leurs greniers, leurs mémoires. Combien de vos grands-mères s'appelaient Madeleine aussi! Quelqu'un m'a dit: "L'intime rejoint l'universel."

On devrait toujours apprendre l'Histoire de cette façon, elle devrait toujours être incarnée. Ce sont aussi les petites gens qui ont fait l'Histoire, pas que les grands dont parlent les livres. Ce sont aussi les femmes. Comme je suis heureuse d'être tombée sur une femme dans cette cave.

Il aura fallu arrêter le temps

137

*

Quand j'y pense, je crois que Madeleine m'a offert une place unique pour m'exprimer. Parce qu'elle m'a poussé à dire "je", tout en me laissant de quoi me cacher, derrière elle. C'est comme si elle m'avait donné la main, accompagnée, pour atteindre le seuil d'un monde entre rêve et réalité, entre présence et absence, entre ce qui a été et ce qui est. Cet espace entre deux, cette faille, ce silence, où naît, sans doute, la poésie.

Pour ce livre, il a fallu arrêter le temps, arrêter le flux de Twitter à un instant T. Toutes les réflexions consignées entre ces pages sont aussi celles de cet instant. Un instant qui restera, qui sera fixé, comme le temps qui fut figé dans mon sous-sol, entre ces murs froids et humides. Mais l'enquête continuera. À la recherche de quoi? Je t'entends presque me le demander, Madeleine. Nous verrons.

Clara Beaudoux
Février 2016

SAISON
2

JOUR 1

clara beaudoux
@clarabdx

#Madeleineproject - Saison 2 -
madeleineproject.fr

RETWEETS   J'AIME
25   23

11:00 - 8 févr. 2016

---

clara beaudoux
@clarabdx

Le début du #Madeleineproject c'était il y a trois
mois, et ça me semble une éternité, vu tout ce
qui s'est passé depuis

RETWEETS   J'AIME
2   11

11:05 - 8 févr. 2016

clara beaudoux
@clarabdx

Après les attentats, la phrase de Madeleine résonnait dans ma tête "C'est réconfortant de s'aimer si bien, mon grand, surtout en ce moment"

RETWEETS   J'AIME
11   32

11:05 - 8 févr. 2016

---

clara beaudoux
@clarabdx

Elle parlait de la Seconde Guerre mondiale, c'est ce que je ressentais en 2015 #Madeleineproject

RETWEET   J'AIME
1   7

11:06 - 8 févr. 2016

---

clara beaudoux
@clarabdx

Je me suis posée beaucoup de questions sur la suite à donner à ce projet, comment rester juste, quelle place adopter

RETWEET   J'AIME
1   5

11:07 - 8 févr. 2016

---

clara beaudoux
@clarabdx

Et puis j'ai décidé de continuer, de m'accrocher à cette bouée de beauté que Madeleine m'a laissée

RETWEETS   J'AIME
2   12

11:08 - 8 févr. 2016

clara beaudoux
@clarabdx

Alors je reviens vous raconter mon enquête, et ma présence dans son absence. C'est reparti pour une semaine

RETWEETS   J'AIME
2   17

11:12 - 8 févr. 2016

---

 clara beaudoux
@clarabdx

Je ne resterai pas seulement au sous-sol cette fois, ni dans le passé, mais commençons par toutes ces affaires qu'il reste dans la cave

J'AIME
4

11:14 - 8 févr. 2016

---

 clara beaudoux
@clarabdx

J'appréhendais d'y retourner. Peur que la magie n'opère plus, peur d'avoir rêvé

J'AIME
6

11:15 - 8 févr. 2016

---

 clara beaudoux
@clarabdx

Finalement... l'émotion était intacte.
#Madeleineproject

J'AIME
11

11:16 - 8 févr. 2016

clara beaudoux
@clarabdx

J'ai même trouvé des choses qui ont clignoté comme des signes (il faut dire que j'en vois beaucoup dans cette histoire...)
#Madeleineproject

J'AIME
5

11:17 - 8 févr. 2016

---

clara beaudoux
@clarabdx

Alors oui, dans la cave de Madeleine, il y a un plat... à madeleines ! #Madeleineproject

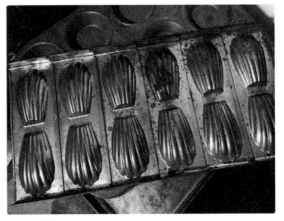

RETWEETS   J'AIME
3   31

11:18 - 8 févr. 2016

clara beaudoux
@clarabdx

Il y a aussi "A la recherche du temps perdu" de Proust, même si ce n'est pas dans ce tome qu'il parle des madeleines

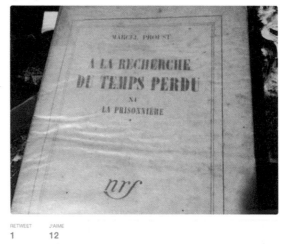

RETWEET   J'AIME
1   12

11:22 - 8 févr. 2016

clara beaudoux
@clarabdx

Et puis cet article dans un numéro d'Historia
#Madeleineproject

J'AIME
10

11:23 - 8 févr. 2016

clara beaudoux
@clarabdx

Dans les Historia, il y a aussi des publicités qui ne passeraient plus vraiment aujourd'hui...
#Madeleineproject

RETWEETS 48   J'AIME 47

11:24 - 8 févr. 2016

clara beaudoux
@clarabdx

J'aime bien aussi cette publicité pour le
"Razvite" "Rasé 2 fois plus vite"
#Madeleineproject

RETWEET   J'AIME
1   7

11:26 - 8 févr. 2016

clara beaudoux
@clarabdx

Mais il faut que je revienne sur cette valise, sur
laquelle nous nous étions quittés

clara beaudoux @clarabdx
Je m'approche, les ouvertures claquent dans le silence, et là...
#Madeleineproject

0:10

RETWEETS   J'AIME
2   3

11:27 - 8 févr. 2016

clara beaudoux
@clarabdx

A l'intérieur ? Ces deux petits cartables,
d'enseignants sûrement #Madeleineproject

RETWEETS   J'AIME
2   6

11:30 - 8 févr. 2016

clara beaudoux
@clarabdx

Dans l'un d'eux, encore plein de choses
inexplorées #Madeleineproject

J'AIME
6

11:31 - 8 févr. 2016

clara beaudoux
@clarabdx

Et de nombreuses photos. Ici tu n'as pas l'air très à l'aise... :) #Madeleineproject

J'AIME
13

11:34 - 8 févr. 2016

Jour 1

clara beaudoux
@clarabdx

Il y a quelques jours, j'ai rêvé de toi. Et toi, à quoi rêvais-tu ? #Madeleineproject

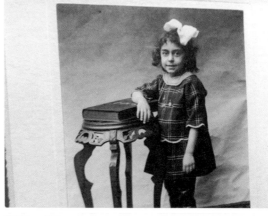

RETWEETS   J'AIME
2   7

11:35 - 8 févr. 2016

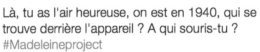

clara beaudoux
@clarabdx

Là, tu as l'air heureuse, on est en 1940, qui se trouve derrière l'appareil ? A qui souris-tu ?
#Madeleineproject

RETWEETS J'AIME
2   18

11:38 - 8 févr. 2016

clara beaudoux
@clarabdx

Et d'abord ça voulait dire quoi "être heureuse" pour une jeune fille de 25 ans en 1940 ?
#Madeleineproject

RETWEETS J'AIME
4   12

11:38 - 8 févr. 2016

clara beaudoux
@clarabdx

Il y a aussi plusieurs pochettes semblables avec des négatifs, faudra-t-il que je les développe ?
#Madeleineproject

J'AIME
8

11:41 - 8 févr. 2016

clara beaudoux
@clarabdx

Je découvre comment tu indiquais quelle partie de la photo tu souhaitais faire agrandir
#Madeleineproject

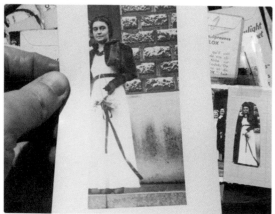

J'AIME
6

11:43 - 8 févr. 2016

clara beaudoux
@clarabdx

Et au milieu de tout ça, "Les Ménines" de
Vélasquez #Madeleineproject

J'AIME
5

11:46 - 8 févr. 2016

clara beaudoux
@clarabdx

Et moi je cherche Loulou dans les photos.
#Madeleineproject

J'AIME
9

11:47 - 8 févr. 2016

clara beaudoux
@clarabdx

Il y a aussi dans ces cartables un nouvel agenda, avec des nouvelles recettes de cuisine #Madeleineproject

RETWEET   J'AIME
1   6

11:51 - 8 févr. 2016

---

clara beaudoux
@clarabdx

Dans une autre valise, je n'avais pas regardé cet ensemble de petites cartes retenues avec l'élastique vieilli d'un agenda #Madeleineproject

J'AIME
3

11:52 - 8 févr. 2016

Jour 1

clara beaudoux
@clarabdx

Comme un condensé d'Histoire
#Madeleineproject

RETWEET   J'AIME
1   5

11:53 - 8 févr. 2016

---

clara beaudoux
@clarabdx

Il y a là des cartes de rationnement, des
"coupons d'achat de chaussures" à ton nom
entre 42 et 47 #Madeleineproject

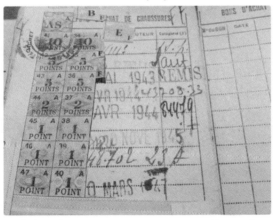

RETWEET   J'AIME
1   7

11:55 - 8 févr. 2016

clara beaudoux
@clarabdx

Des tickets de rationnement pour le pain, 1949
#Madeleineproject

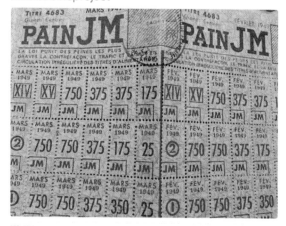

RETWEETS   J'AIME
2   7

11:58 - 8 févr. 2016

clara beaudoux
@clarabdx

"Articles textiles", "carte de tabac", les
souvenirs de mes manuels d'Histoire prennent
chair #Madeleineproject

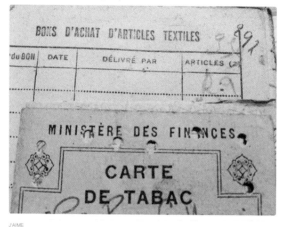

J'AIME
5

12:00 - 8 févr. 2016

clara beaudoux
@clarabdx

Tickets pour "denrées diverses", 1947
#Madeleineproject

RETWEETS JʼAIME
2 6

12:02 - 8 févr. 2016

clara beaudoux
@clarabdx

Et puis il y a cette carte dʼélecteur...
#Madeleineproject

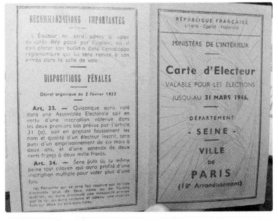

RETWEETS JʼAIME
4 20

12:03 - 8 févr. 2016

clara beaudoux
@clarabdx

Et là frisson : c'est celle de ta mère
Raymonde... en 1945, l'année du droit de vote
des femmes !! #Madeleineproject

RETWEETS J'AIME
15 47

12:06 - 8 févr. 2016

clara beaudoux
@clarabdx

Il y a aussi la carte de la CGT de ton papa
#Madeleineproject

RETWEETS J'AIME
3 10

12:11 - 8 févr. 2016

clara beaudoux
@clarabdx

De ton père, je retrouve une carte qu'il t'écrit en
1924, tu as 9 ans. Ça me rappelle les cartes
postales du mien

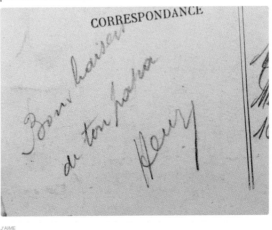

J'AIME
6

12:12 - 8 févr. 2016

clara beaudoux
@clarabdx

De Martial, ton cousin mort à la guerre, une
lettre, celle d'un enfant à ses "chers oncle et
tante et cousine", 1932

J'AIME
5

12:15 - 8 févr. 2016

clara beaudoux
@clarabdx

J'ai aussi trouvé ces épingles, pour tes chapeaux me semble-t-il #Madeleineproject

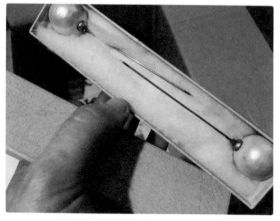

RETWEET J'AIME
1   10

12:16 - 8 févr. 2016

clara beaudoux
@clarabdx

Y avait-il ce genre d'épingles sur ces chapeaux-là ? #Madeleineproject

J'AIME
4

12:17 - 8 févr. 2016

clara beaudoux
@clarabdx

Et une paire de jumelles, pour les voyages, ou pour le théâtre peut-être... #Madeleineproject

J'AIME
5

12:19 - 8 févr. 2016

clara beaudoux
@clarabdx

Plus récent, il y a cet entrebâilleur, qui s'appelle "rationnel", jamais installé #Madeleineproject

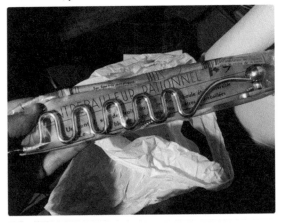

J'AIME
3

12:22 - 8 févr. 2016

clara beaudoux
@clarabdx

Je tombe aussi sur ces bavoirs, "Bonjour papa" et "Sois bien sage", je pourrais les proposer à mon nouveau neveu

RETWEET J'AIME
1   11

12:29 - 8 févr. 2016

---

clara beaudoux
@clarabdx

J'ai même l'impression qu'il y a des restes de nourriture dessus #Madeleineproject

J'AIME
2

12:30 - 8 févr. 2016

clara beaudoux
@clarabdx

Dans la boîte de matériel à peinture, il y a ce petit entonnoir, qu'est-ce que c'est ?
#Madeleineproject

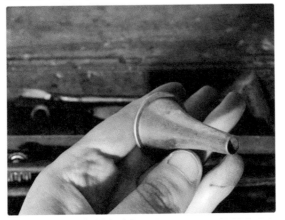

RETWEET   J'AIME
1   5

12:31 - 8 févr. 2016

162

clara beaudoux
@clarabdx

J'ai feuilleté les quelques "cahiers de littérature", de ta 6° et 5°, de 1933 à 1935... !
#Madeleineproject

J'AIME
14

12:32 - 8 févr. 2016

clara beaudoux
@clarabdx

Baudelaire y est en bonne place. Je retrouve
"L'albatros", que moi aussi j'ai étudié
#Madeleineproject

RETWEET 1   J'AIME 14

12:34 - 8 févr. 2016

clara beaudoux
@clarabdx

Mais à la fin tu as écrit "LES ailes de géants", je
vérifie et c'est plutôt "SES ailes de géants",
celles du poète

J'AIME 3

12:35 - 8 févr. 2016

clara beaudoux
@clarabdx

Il y a aussi "L'invitation au voyage", "les soleils
mouillés, de ces ciels brouillés"
#Madeleineproject

J'AIME
6

12:37 - 8 févr. 2016

clara beaudoux
@clarabdx

Et tu as collé sur la page du cahier une coupure
de presse qui reprend quelques vers du poème
#Madeleineproject

J'AIME
5

12:38 - 8 févr. 2016

clara beaudoux
@clarabdx

Un peu plus loin, un petit texte s'adresse "aux poètes futurs", je le prends pour nous
#Madeleineproject

RETWEETS J'AIME
8   11

12:39 - 8 févr. 2016

clara beaudoux
@clarabdx

En plus elle avait des bonnes notes Madeleine
#Madeleineproject

RETWEET J'AIME
1   6

12:40 - 8 févr. 2016

Dans la boîte des "petites choses auxquelles on tient", il y a ce petit poids auquel on tient, 20 g
#Madeleineproject

RETWEET J'AIME
1   5

12:42 - 8 févr. 2016

clara beaudoux
@clarabdx

Il y a aussi des montres arrêtées autour de 6 h
#Madeleineproject

RETWEETS J'AIME
2   9

12:43 - 8 févr. 2016

clara beaudoux
@clarabdx

Ce crochet, pour fermer un buffet ? Une armoire ?
Mais où ça ? Dans quelle demeure ?
#Madeleineproject

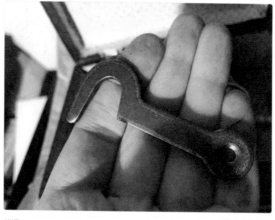

J'AIME
3

12:45 - 8 févr. 2016

clara beaudoux
@clarabdx

Ces petites boucles d'oreilles (tout à fait mon
style entre nous, mais oserais-je les porter ?)
#Madeleineproject

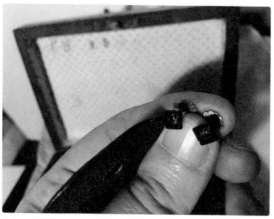

RETWEET   J'AIME
1   13

12:46 - 8 févr. 2016

clara beaudoux
@clarabdx

J'ai pris ce collier, qui s'est cassé dans mes mains, des petites perles roses crépitent sur le sol en béton

RETWEET   J'AIME
1   5

12:49 - 8 févr. 2016

168

clara beaudoux
@clarabdx

Un autre collier s'est brisé à mon contact, pardon #Madeleineproject

J'AIME
9

12:50 - 8 févr. 2016

clara beaudoux
@clarabdx

Dans un Monde de 1974, il y a une pub pour les "calculatrices électroniques" #Madeleineproject

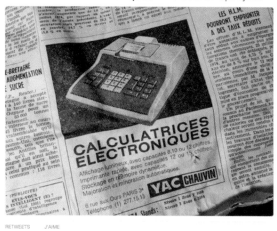

RETWEETS 4   J'AIME 11

12:52 - 8 févr. 2016

clara beaudoux
@clarabdx

Je me plonge aussi dans un "Matin de Paris" de 1985, en pleine affaire "Rainbow Warrior" #Madeleineproject

RETWEET 1   J'AIME 4

12:57 - 8 févr. 2016

clara beaudoux
@clarabdx

J'avais à peine un an, Coluche était encore en vie #Madeleineproject

RETWEETS 2   J'AIME 7

12:57 - 8 févr. 2016

clara beaudoux
@clarabdx

Italo Calvino venait de mourir #Madeleineproject

J'AIME 4

13:00 - 8 févr. 2016

clara beaudoux
@clarabdx

Le Japon s'intéressait à notre carte à puce
#Madeleineproject

La carte à mémoire française séduit le Japon

● Après avoir longtemps fait de l'œil aux Japonais, la carte à mémoire française semble bien près de toucher au but : plusieurs firmes nippones pourraient l'adopter d'ici à la fin de l'année. Voilà ce que Roland Moreno, le fier papa de la carte à puce, a annoncé hier au Sicob. Les contacts sont déjà bien avancés avec les fir-

RETWEET 1   J'AIME 3

13:01 - 8 févr. 2016

Jour 1

clara beaudoux
@clarabdx

Le Minitel passionnait encore #Madeleineproject

itachi, Mitsubishi, utres. Mais la carte à as l'intention de s'en nd Moreno discute ac-ec Apple des possibili-er un système de lec-à mémoire sur la pro-ration de micro-ordina-idée dont la réalisation out risque de piratage de

Minitel intelligent : une commande pour Matra

● Matra Communication vient d'être retenu par la DGT pour fournir des Minitel « intelligents », baptisés M 20, qui disposent, outre les fonctions d'un Minitel classique, de fonctions téléphoniques évoluées. Il permet le stockage d'informations sur cartouche, et peut remplir certaines tâches informatiques, comme le traitement de texte ou la gestion de fichier. La commande de la DGT, qui porte sur 50 000 unités livrables à partir de 1987, tombe à pic pour Matra, qui avait été il y a quelques mois écartée du plan Informatique pour tous.

a, ombe Commodore et la petite bombe du Sicob. Le el ordinateur Amiga de Com-

RETWEET 1   J'AIME 4

13:02 - 8 févr. 2016

clara beaudoux
@clarabdx

Steve Jobs quittait Apple (pour y revenir en
1997, selon mon ami du futur Wikipédia)
#Madeleineproject

SOCIAL

JOBS CHANGE DE JOB

Le deuxième fondateur d'Apple démissionne quelques
mois seulement après son compère Steve Wozniak. Un
départ qui n'est pas vraiment une surprise

ER UN

En huit mois à peine, Apple aura
donc perdu ses deux papas. En
février dernier, Steve Wozniak, l'inventeur de l'Apple II,
abandonnait le navire ; cette
semaine, Steven Jobs, qui était encore chairman de l'entreprise, a annoncé à son tour sa démission. Neuf
ans après sa création, la firme va dé-
finitivement changer de main.

Ce départ n'est pas vraiment une
surprise. Depuis plusieurs mois, la
crise couvait chez Apple. En mai dernier, Jobs avait été écarté de toute
responsabilité officielle. Au mois de
juillet, il avait vendu un cinquième de
ses actions, pour la coquette somme

resserrer les boulons, n'aura pas
duré. Pendant deux ans, Apple aura
réussi cependant à marier la rigueur
nécessaire face à une concurrence ac-
crue et l'imagination qui a fait sa
force.

Dès le début de cette année pourtant, les nuages ont commencé à
s'amonceler. La division Mac Intosh
— le micro vedette d'Apple — affi-
chait des résultats décevants. La
campagne lancée par Jobs pour pro-
mouvoir le « Mac » auprès des entre-
prises se soldait par un demi-échec.

Résultat : pour la première fois de
son histoire, Apple enregistrait des
pertes — 17 millions de dollars — et

RETWEET   J'AIME
1   13

13:03 - 8 févr. 2016

 clara beaudoux
@clarabdx

Dans une grande enveloppe tu gardes des
faire-part de mariage et de naissance
#Madeleineproject

RETWEET   J'AIME
1   11

13:06 - 8 févr. 2016

clara beaudoux
@clarabdx

Ils avaient l'air pas mal les menus des réceptions #Madeleineproject

RETWEET 1   J'AIME 10

13:10 - 8 févr. 2016

clara beaudoux
@clarabdx

Il y a quelques photos qui vont avec. En 1953 tu tiens le bras d'un homme, qui est-ce ?
#Madeleineproject

RETWEET 1   J'AIME 12

13:12 - 8 févr. 2016

clara beaudoux
@clarabdx

En fait je suis retournée en plusieurs étapes
dans la cave, notamment la semaine dernière,
pour peaufiner cette saison #Madeleineproject

RETWEETS   J'AIME
2   5

13:14 - 8 févr. 2016

---

 clara beaudoux
@clarabdx

Et une mauvaise surprise m'attendait : une fuite
d'eau, de ces gros tuyaux qui parcourent les
murs gris #Madeleineproject

J'AIME
3

13:15 - 8 févr. 2016

---

 clara beaudoux
@clarabdx

Ça sentait fort le moisi, mais je me suis dit que
la moisissure ça pouvait être joli
#Madeleineproject

J'AIME
6

13:17 - 8 févr. 2016

clara beaudoux
@clarabdx

Heureusement les dégâts sont minimes. Ce sont les draps qui ont pris l'eau, qui ont même heureusement fait éponge #Madeleineproject

J'AIME
4

13:17 - 8 févr. 2016

---

clara beaudoux
@clarabdx

Car Madeleine stockait plusieurs draps, brodés des initiales familiales #Madeleineproject

RETWEET   J'AIME
1   8

13:19 - 8 févr. 2016

clara beaudoux
@clarabdx

Il y a d'ailleurs ce petit papier épinglé sur un des
tissus #Madeleineproject

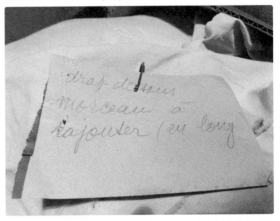

J'AIME
5

13:20 - 8 févr. 2016

clara beaudoux
@clarabdx

C'est aussi le manteau de fourrure qui s'est
noyé, et sa doublure rouge a déteint...
#Madeleineproject

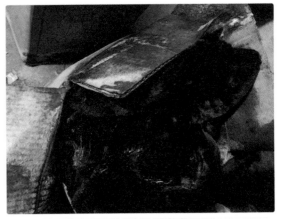

J'AIME
5

13:21 - 8 févr. 2016

clara beaudoux
@clarabdx

Je suis restée un moment impressionnée par le carton trempé #Madeleineproject

J'AIME
5

13:22 - 8 févr. 2016

clara beaudoux
@clarabdx

Alors le plombier est venu. Bon, lui il ne se doutait pas qu'il entrait dans la cave de Madeleine...

J'AIME
4

13:23 - 8 févr. 2016

clara beaudoux
@clarabdx

J'ai pris cette fuite comme un signe qui dirait
"Arrête tout !", une voisine me dit que c'est
plutôt "Dépêche-toi de continuer !"

J'AIME
20

13:25 - 8 févr. 2016

---

clara beaudoux
@clarabdx

A partir de demain, je vous raconterai ma
rencontre avec les voisins de Madeleine,
certains étaient les siens et sont encore les
miens

RETWEET   J'AIME
1   27

13:25 - 8 févr. 2016

---

clara beaudoux
@clarabdx

A demain #Madeleineproject madeleineproject.fr

J'AIME
21

13:26 - 8 févr. 2016

JOUR 2

 clara beaudoux
@clarabdx

C'est un dimanche, j'ai rdv chez Marc et Sylvain, ils ont accroché une étoile sur leur porte, c'est bientôt Noël

RETWEET   J'AIME
1   3

11:09 - 9 févr. 2016

clara beaudoux
@clarabdx

Ils habitent à mon étage, à notre étage, ils se sont occupés de Madeleine, surtout quand d'autres voisins sont partis #Madeleineproject

J'AIME
2

11:10 - 9 févr. 2016

---

clara beaudoux
@clarabdx

J'avais croisé Marc, en pleine saison 1, alors que je descendais à la cave, il m'avait dit qu'il "avait vu", qu'il "l'avait reconnue"

J'AIME
3

11:11 - 9 févr. 2016

---

clara beaudoux
@clarabdx

Je me rappelle être restée en suspension, alors que l'ascenseur arrivait. Comme pendue à ce qu'il allait dire ensuite #Madeleineproject

J'AIME
2

11:12 - 9 févr. 2016

Saison 2

---

clara beaudoux
@clarabdx

Il trouvait ça délicat : ouf. #Madeleineproject

J'AIME
5

11:12 - 9 févr. 2016

clara beaudoux
@clarabdx

Il trouvait que ça lui redonnait vie. Eux ne l'avaient pas connu "avant". Avant quoi ? "Avant qu'elle soit une vieille dame de 90 ans"

J'AIME
4

11:13 - 9 févr. 2016

---

clara beaudoux
@clarabdx

Quel souvenir d'elle ? "Une vieille dame enjouée", répond Marc, "elle avait les idées bien en place, et de l'humour aussi"

J'AIME
8

11:14 - 9 févr. 2016

Jour 2

clara beaudoux
@clarabdx

181

"Elle aimait bien dire des bêtises de temps en temps", ajoute Sylvain, elle avait "l'œil malicieux" #Madeleineproject

RETWEET   J'AIME
1   4

11:16 - 9 févr. 2016

---

clara beaudoux
@clarabdx

Il se souvient d'une vieille dame "un peu espiègle", ou qui avait dû l'être, avant que son corps ne suive plus trop #Madeleineproject

J'AIME
6

11:17 - 9 févr. 2016

clara beaudoux
@clarabdx

Il est content d'avoir vu ses sourires dans la saison 1 #Madeleineproject

> **clara beaudoux** @clarabdx
>
> Comme tu avais l'air rigolote, là, Madeleine #Madeleineproject

RETWEETS 2   J'AIME 3

11:17 - 9 févr. 2016

---

clara beaudoux
@clarabdx

Ils décrivent une femme "gentille, adorable". Et moi je me demande bien ce que j'aurais fait si j'avais découvert qu'elle était méchante...

J'AIME 7

11:18 - 9 févr. 2016

---

clara beaudoux
@clarabdx

Elle était aussi "très discrète", ils la voyaient peu, mais l'ont découverte à la fête des voisins, où elle descendait toujours

J'AIME 4

11:20 - 9 févr. 2016

---

clara beaudoux
@clarabdx

(et moi qui n'y suis jamais allée)

J'AIME 5

11:20 - 9 févr. 2016

clara beaudoux
@clarabdx

"Comme elle ne voulait ou ne pouvait plus
cuisiner, elle commandait toujours une grande
tarte ou quiche à la boulangerie au coin de la
rue"

J'AIME
2

11:21 - 9 févr. 2016

---

 clara beaudoux
@clarabdx

Est-ce que tu allais à la même boulangerie que
moi, Madeleine ? #Madeleineproject

RETWEET   J'AIME
1   2

11:21 - 9 févr. 2016

Jour 2

 clara beaudoux
@clarabdx

183

Madeleine vivait grâce à l'aide des voisins et
d'une femme de ménage, pour les courses ou
pour lui monter le courrier #Madeleineproject

RETWEET   J'AIME
1   2

11:23 - 9 févr. 2016

---

 clara beaudoux
@clarabdx

Et de son filleul, qui venait la chercher de temps
en temps pour déjeuner #Madeleineproject

RETWEET   J'AIME
1   2

11:24 - 9 févr. 2016

 **clara beaudoux**
@clarabdx

Il y avait quoi dans le courrier ? Pas beaucoup de courrier, quelques factures, mais "c'était surtout son Paris Match auquel elle tenait"

RETWEET J'AIME
1   3

11:25 - 9 févr. 2016

 **clara beaudoux**
@clarabdx

Eh oui j'avais déjà trouvé un Paris Match dans la cave

 clara beaudoux @clarabdx
Et tout d'un coup, au milieu de tous ces bouquins, en bordure de carton, paf... #Madeleineproject

RETWEETS J'AIME
2   3

11:27 - 9 févr. 2016

 **clara beaudoux**
@clarabdx

J'en ai trouvé plein d'autres #Madeleineproject

J'AIME
2

11:28 - 9 févr. 2016

clara beaudoux
@clarabdx

Notamment celui des premiers pas de l'Homme
sur la Lune, je l'avais justement acheté dans
une brocante il y a peu

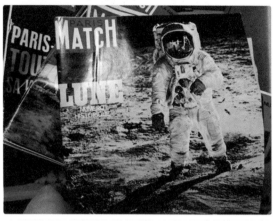

RETWEET   J'AIME
1   2

11:30 - 9 févr. 2016

clara beaudoux
@clarabdx

"Dans un déchaînement de feu, une nouvelle
ère commence" #Madeleineproject

J'AIME
3

11:31 - 9 févr. 2016

clara beaudoux
@clarabdx

Il y a une page sur le futur, "Le voyage de noces de l'an 2000" #Madeleineproject

RETWEETS J'AIME
5   10

11:33 - 9 févr. 2016

clara beaudoux
@clarabdx

L'an 2000 imaginé en 1969 : un futur qui est aujourd'hui mon passé, vu depuis un passé qui a été ton présent... Hum

J'AIME
12

11:35 - 9 févr. 2016

clara beaudoux
@clarabdx

Et dans ce numéro, tu as glissé d'autres coupures sur la conquête spatiale ! Tu m'épates
#Madeleineproject

RETWEETS   J'AIME
2   6

11:38 - 9 févr. 2016

clara beaudoux
@clarabdx

Tiens, ça me fait penser, il s'est passé ça aussi depuis la saison 1, l'as-tu écouté Madeleine ?
youtube.com/watch?v=iYYRH4…
#Madeleineproject

David Bowie – Space Oddity [OFFICIAL VIDEO]
Official video for David Bowie - Space Oddity. David Bowie (Five Years 1969 – 1973) is available as 2 beautifully packaged Limited Edition box sets; on 180g …
youtube.com

J'AIME
2

11:39 - 9 févr. 2016

clara beaudoux
@clarabdx

"Sur la fin elle était un peu sourde, quand je lui montais le courrier je devais parfois l'appeler au tel, elle n'entendait pas la sonnette"

RETWEET J'AIME
1   2

11:43 - 9 févr. 2016

---

 clara beaudoux
@clarabdx

Cette sonnette, c'est encore ma sonnette, la voilà #Madeleineproject soundcloud.com /madeleine-proj ...

 **#Madeleineproject Sonnette**
Listen to #Madeleineproject Sonnette by Madeleine project #np on #SoundCloud
soundcloud

RETWEETS J'AIME
2   8

11:47 - 9 févr. 2016

---

clara beaudoux
@clarabdx

A la fin "c'était une petite dame qui se déplaçait un peu difficilement, assez forte" "c'était une petite porcelaine" poursuit Marc

RETWEET J'AIME
1   3

11:49 - 9 févr. 2016

clara beaudoux
@clarabdx

"Mais à une époque elle allait encore chez le coiffeur, on la voyait, un petit bout de bonne femme qui trottinait jusqu'au bout de la rue"

RETWEET   J'AIME
1   2

11:49 - 9 févr. 2016

---

clara beaudoux
@clarabdx

"Elle revenait toute bouclée, toute pimpante" "un peu choucroutée" "elle faisait encore des teintures, un peu blond ou châtain clair"

RETWEET   J'AIME
1   4

11:50 - 9 févr. 2016

---

clara beaudoux
@clarabdx

Ils me disent qu'elle allait au salon de coiffure qui est maintenant remplacé par un luthier, un peu plus loin dans la rue #Madeleineproject

11:50 - 9 févr. 2016

clara beaudoux
@clarabdx

Alors je me suis rendue chez ce luthier. Mais non, me dit-il, le coiffeur c'était juste à côté
#Madeleineproject

J'AIME
4

11:52 - 9 févr. 2016

clara beaudoux
@clarabdx

La boutique du coiffeur n'existe plus, mais le luthier connaît des violonistes, dont la baby-sitter était la fille de la coiffeuse

RETWEET J'AIME
1   4

11:54 - 9 févr. 2016

clara beaudoux
@clarabdx

Et en même temps, quel intérêt de discuter avec la coiffeuse de Madeleine ? Je ne sais pas trop, je tire des fils dans tous les sens

RETWEET J'AIME
1   6

11:55 - 9 févr. 2016

---

clara beaudoux
@clarabdx

J'ai finalement su par texto que la coiffeuse ne se rappelait pas de Madeleine, dommage...
#Madeleineproject

RETWEET J'AIME
1   3

11:55 - 9 févr. 2016

---

clara beaudoux
@clarabdx

Et comment s'habillait Madeleine ? "Toujours en robe, pas en pantalon" "pendant longtemps elle a toujours fait un petit effort"

RETWEET J'AIME
1   3

11:56 - 9 févr. 2016

---

clara beaudoux
@clarabdx

"Elle faisait attention à son look" me disent Sylvain et Marc #Madeleineproject

RETWEET J'AIME
1   2

11:57 - 9 févr. 2016

clara beaudoux
@clarabdx

Plusieurs voisins m'envoient des exemples
damart.fr/static//15/13/ ... mfs1.cdnsw.com
/fs/Veste_hiver ... bleu-bonheur.fr/media/catalog
/ ... media.gettyimages.com/photos/picture
...

J'AIME
4

12:00 - 9 févr. 2016

---

clara beaudoux
@clarabdx

Madeleine leur a assez peu parlé de sa vie, mais
une fois elle a mentionné Aix où elle a vécu avec
ses parents pendant la guerre

RETWEET   J'AIME
1   3

12:02 - 9 févr. 2016

clara beaudoux
@clarabdx

J'ai retrouvé un plan d'Aix dans la cave
#Madeleineproject

J'AIME
2

12:03 - 9 févr. 2016

clara beaudoux
@clarabdx

"Une fois elle m'avait offert des calissons" dit Sylvain, parce qu'elle avait été touchée qu'il lui envoie une carte postale de Polynésie

RETWEET J'AIME
1 5

12:05 - 9 févr. 2016

---

clara beaudoux
@clarabdx

En parlant de cartes postales, moi j'ai été très touchée par l'idée de @ilesttropgentil

J'AIME
1

12:07 - 9 févr. 2016

---

clara beaudoux
@clarabdx

Il m'a envoyé des photos de Cayeux où Madeleine était en vacances en 1925 et 1931

eric @ilesttropgentil

#Madeleineproject Cayeux sur mer Vacances 1925

J'AIME
4

12:07 - 9 févr. 2016

clara beaudoux
@clarabdx

Revoilà ses vacances, et n'hésitez pas à m'envoyer des photos si vous êtes par là, des cartes postales numériques !

> **clara beaudoux** @clarabdx
> Dans le carton papeterie, il y aussi la liste de tes vacances. J'ai l'impression que tu me laisses des indices

RETWEETS 3   J'AIME 2

12:09 - 9 févr. 2016

---

clara beaudoux
@clarabdx

D'ailleurs j'ai aussi trouvé une deuxième liste de ses vacances #Madeleineproject

RETWEET 1   J'AIME 6

12:09 - 9 févr. 2016

clara beaudoux
@clarabdx

Madeleine se déplaçait avec une canne "mais elle ne se plaignait jamais", "sauf vraiment à la fin" poursuivent les voisins #Madeleineproject

RETWEET J'AIME
1 5

12:12 - 9 févr. 2016

---

clara beaudoux
@clarabdx

"A la fin de sa vie, elle avait très peur de mourir", "de mourir dans la nuit", raconte Marc
soundcloud.com/madeleine-proj …

 #Madeleineproject "Elle était encore vraiment dans la vie" …
Listen to #Madeleineproject "Elle était encore vraiment dans la vie" Marc by Madeleine project #np on #SoundCloud
soundcloud

RETWEET J'AIME
1 9

12:16 - 9 févr. 2016

---

clara beaudoux
@clarabdx

"Ça montre qu'elle était vraiment encore dans la vie" "et puis qu'elle estimait ne pas avoir fait encore tout ce qu'elle avait à faire"

RETWEET J'AIME
1 4

12:19 - 9 févr. 2016

clara beaudoux
@clarabdx

"Moi je n'ai qu'un regret, l'avoir découverte trop tard" dit Sylvain, décrivant leurs emplois du temps : "on partait tôt, on rentrait tard"

RETWEETS J'AIME
2 6

12:20 - 9 févr. 2016

---

clara beaudoux
@clarabdx

"En tout cas je suis content de l'avoir croisée" ajoute Sylvain #Madeleineproject
soundcloud.com/madeleine-proj ...

#Madeleineproject "Je suis content de l'avoir croisée" Sylvain
Listen to #Madeleineproject "Je suis content de l'avoir croisée" Sylvain by Madeleine project #np on #SoundCloud
soundcloud

RETWEETS J'AIME
3 5

12:24 - 9 févr. 2016

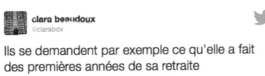
clara beaudoux
@clarabdx

Marc regrette "de ne pas lui avoir plus parlé, parce que maintenant il y a plein de côtés de sa vie, on se dit qu'on est passés à côté"

RETWEET J'AIME
1 3

12:26 - 9 févr. 2016

---

clara beaudoux
@clarabdx

Ils se demandent par exemple ce qu'elle a fait des premières années de sa retraite
#Madeleineproject

RETWEET J'AIME
1 2

12:27 - 9 févr. 2016

clara beaudoux
@clarabdx

Sylvain se souvient, elle disait "Rendez-vous compte j'ai passé plus de temps à la retraite qu'au travail c'est quelque chose" et elle riait

RETWEET   J'AIME
1   7

12:28 - 9 févr. 2016

---

clara beaudoux
@clarabdx

Quand ils sonnaient, "elle existait aux yeux de qqun" "terrible de se rendre compte de ça", d'être "le petit événement de sa journée"

RETWEETS   J'AIME
2   9

12:30 - 9 févr. 2016

---

clara beaudoux
@clarabdx

Marc et Sylvain me donnent le contact d'autres voisins, qui ont habité l'appartement juste à côté du mien (du tien) pendant 15 ans

RETWEET   J'AIME
1   2

12:31 - 9 févr. 2016

---

clara beaudoux
@clarabdx

J'interroge aussi Marc et Sylvain sur ce deuxième nom sur la boîte aux lettres...
#Madeleineproject

RETWEET   J'AIME
1   1

12:31 - 9 févr. 2016

clara beaudoux
@clarabdx

Ils évoquent une "belle-fille", mais comment ça
une "belle-fille" ??? #Madeleineproject

RETWEET 1   J'AIME 5

12:32 - 9 févr. 2016

---

clara beaudoux
@clarabdx

Avec tout ça, moi je t'imagine de mieux en
mieux, j'entends le frottement de tes chaussons
sur le sol de mon appartement
#Madeleineproject

RETWEET 1   J'AIME 7

12:32 - 9 févr. 2016

---

clara beaudoux
@clarabdx

Quand je bois un thé sur ma table basse, quand
je travaille à mon bureau, quand c'est le bordel
chez moi, je pense à toi #Madeleineproject

RETWEETS 2   J'AIME 8

12:33 - 9 févr. 2016

---

clara beaudoux
@clarabdx

A demain, pour la rencontre avec Eveline et
Robert, ceux qui se sont le plus occupés de
Madeleine #Madeleineproject
madeleineproject.fr

RETWEET 1   J'AIME 13

12:34 - 9 févr. 2016

JOUR 3

 clara beaudoux
@clarabdx

Avant tout il faut que je vous raconte ça, c'est fou, j'avais hâte de vous le dire
#Madeleineproject

J'AIME
2

11:00 - 10 févr. 2016

---

 clara beaudoux
@clarabdx

Hier je suis retournée plusieurs fois à la cave pour photographier les recettes de cuisine que l'on me demandait

 clara beaudoux @clarabdx

.@Stefany_cm_h super idée :) voici trois recettes au choix !
#Madeleineproject

J'AIME
4

11:01 - 10 févr. 2016

clara beaudoux
@clarabdx

Quand j'y suis allée pour la "tarte minute à la poêle" (pour @Deedo_75 merci :), je savais où se trouvait la recette #Madeleineproject

11:03 - 10 févr. 2016

clara beaudoux
@clarabdx

Dans un carnet dans un cartable dans une valise à droite sur l'étagère de gauche #Madeleineproject

11:04 - 10 févr. 2016

clara beaudoux
@clarabdx

Mais quand j'ai pris le carnet, un truc est sorti du cartable, j'ai eu l'impression qu'il sortait tout seul :

J'AIME
3

11:05 - 10 févr. 2016

clara beaudoux
@clarabdx

Je n'ai pas compris tout de suite...
#Madeleineproject

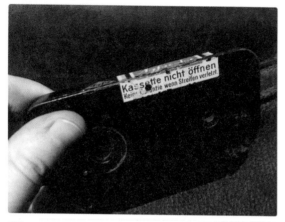

J'AIME
3

11:06 - 10 févr. 2016

clara beaudoux
@clarabdx

Et puis mon cœur s'est mis à battre très fort.
Mais oui, non de non, je l'ouvre, c'est un film !!?
#Madeleineproject

J'AIME
14

11:08 - 10 févr. 2016

clara beaudoux
@clarabdx

Suivre

D'après Google c'est le film d'une Agfa Movex 8 ?
Comment je visionne ça ? Là j'ai besoin
d'aide ! Merci :)
google.fr/search?q=Agfa+ ...

RETWEETS   J'AIME
5   2

11:09 - 10 févr. 2016

clara beaudoux
@clarabdx

Bon, à suivre pour ce film... Je vous tiendrai au
courant ! Reprenons avec les voisins.
#Madeleineproject

J'AIME
3

11:17 - 10 févr. 2016

clara beaudoux
@clarabdx

C'est un mercredi, le train de 13 h 50 depuis la
gare Saint-Lazare, il fait gris #Madeleineproject

11:18 - 10 févr. 2016

clara beaudoux
@clarabdx

Je me rends chez Robert et Eveline, dans les
Hauts-de-Seine, les voisins qui se sont le plus
occupés de Madeleine #Madeleineproject

J'AIME
4

11:19 - 10 févr. 2016

clara beaudoux
@clarabdx

Pendant 15 ans, ils habitaient la porte juste à côté #Madeleineproject

11:19 - 10 févr. 2016

clara beaudoux
@clarabdx

En avance, je fais des détours, je passe devant un pressing, ça se lave dans un pressing les robes de mariées ?

J'AIME
9

11:21 - 10 févr. 2016

---

clara beaudoux
@clarabdx

En marchant vers chez eux, je me demande si tu as déjà fait ce trajet, toi aussi #Madeleineproject

11:21 - 10 févr. 2016

clara beaudoux
@clarabdx

Et je me trouve folle, un peu, de penser autant à toi, qui ne connaissait pas même mon existence #Madeleineproject

J'AIME
5

11:22 - 10 févr. 2016

---

clara beaudoux
@clarabdx

Chez eux : le canapé vert en velours, comme chez une de mes tantes, et la belle vue sur la Défense par la fenêtre #Madeleineproject

11:23 - 10 févr. 2016

---

clara beaudoux
@clarabdx

Quel souvenir gardez-vous d'elle ? "Quelqu'un que j'ai très estimé" me dit Robert #Madeleineproject soundcloud.com/madeleine-proj ...

 #Madeleineproject "Quelqu'un que j'ai très estimé" Robert
Listen to #Madeleineproject "Quelqu'un que j'ai très estimé" Robert by Madeleine project #np on #SoundCloud
soundcloud

RETWEET   J'AIME
1   6

11:25 - 10 févr. 2016

---

clara beaudoux
@clarabdx

Madeleine faisait "beaucoup de mots croisés" #Madeleineproject

11:27 - 10 févr. 2016

clara beaudoux
@clarabdx

"Et comme moi elle aimait beaucoup Michel Laclos" s'amuse Robert, me tendant une grille #Madeleineproject

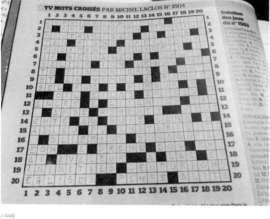

J'AIME
4

11:28 - 10 févr. 2016

clara beaudoux
@clarabdx

L'occasion pour moi de découvrir ce verbicruciste (et d'utiliser ce mot par la même occasion) : fr.wikipedia.org/wiki/Michel_La...

J'AIME
3

11:29 - 10 févr. 2016

clara beaudoux
@clarabdx

"Elle faisait aussi des enregistrements, elle avait un petit enregistreur et des K7, et c'est surtout des documentaires qu'elle faisait"

J'AIME
3

11:30 - 10 févr. 2016

---

clara beaudoux
@clarabdx

Après cette phrase, j'ai cru un instant que Madeleine faisait du documentaire (un peu comme moi), mais en fait non (il faut que je me calme)

J'AIME
4

11:30 - 10 févr. 2016

---

clara beaudoux
@clarabdx

En fait Madeleine enregistrait juste la TV avec son magnétoscope ! Mais c'est quand même bon de savoir qu'elle aimait les documentaires

J'AIME
3

11:32 - 10 févr. 2016

clara beaudoux
@clarabdx

Eveline garde de Madeleine le souvenir de quelqu'un de très ouvert et de moderne, notamment parce quo... (!!) soundcloud.com /madeleine-proj ...

#Madeleineproject Eveline "Son grand regret, ne pas savoir...
Listen to #Madeleineproject Eveline "Son grand regret, ne pas savoir manipuler un ordinateur" by Madeleine project #np on #SoundCloud
soundcloud

RETWEET   J'AIME
1   7

11:35 - 10 févr. 2016

clara beaudoux
@clarabdx

Madeleine "regrettait de ne pas savoir manipuler
un ordinateur, c'était son grand regret" me dit
Eveline ! #Madeleineproject

RETWEET   J'AIME
1   5

11:38 - 10 févr. 2016

---

clara beaudoux
@clarabdx

"J'avais tenté un jour de lui montrer mais elle a
fini par dire 'oh c'est trop compliqué', mais elle
avait envie, elle voulait savoir"

J'AIME
6

11:38 - 10 févr. 2016

---

clara beaudoux
@clarabdx

(Avec l'espoir que ces petits bouts de ta vie sur
Twitter puissent venir combler tes envies
numériques)

J'AIME
7

11:40 - 10 févr. 2016

---

clara beaudoux
@clarabdx

Robert se souvient qu'un jour Madeleine lui
avait dit qu'il faudrait faire du tri dans cette cave
#Madeleineproject

J'AIME
4

11:41 - 10 févr. 2016

clara beaudoux
@clarabdx

"Elle reconnaissait qu'il y avait tout un tas de cochonneries, 'qu'est-ce que j'ai gardé', disait-elle" #Madeleineproject

J'AIME
2

11:42 - 10 févr. 2016

---

clara beaudoux
@clarabdx

Ça, par exemple, l'aurais-tu gardé ?
#Madeleineproject

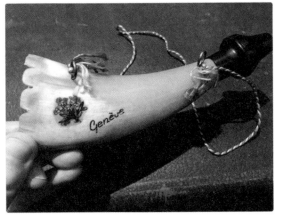

11:43 - 10 févr. 2016

---

clara beaudoux
@clarabdx

Enfin bon, Robert constate que c'est le cas de tout le monde. Lui par exemple...

11:46 - 10 févr. 2016

clara beaudoux
@clarabdx

... il rêve d'un château pour "tout conserver", "ce qui fait le malheur de sa femme", plaisante-t-il, mais ça c'est une autre histoire

J'AIME
5

11:47 - 10 févr. 2016

---

clara beaudoux
@clarabdx

Robert raconte aussi que tous les jeudis soirs, Madeleine "collait un petit post-it sur leur porte, avec sa commande" #Madeleineproject

11:48 - 10 févr. 2016

---

clara beaudoux
@clarabdx

Parce que tous les vendredis matins, Robert se rendait au marché aux poissons, à quelques rues de là #Madeleineproject

11:49 - 10 févr. 2016

---

clara beaudoux
@clarabdx

"Madeleine aimait beaucoup le poisson", elle notait "pinces de crabe, raie". Robert savait qu'il avait de la marge, il connaissait ses goûts

11:50 - 10 févr. 2016

clara beaudoux
@clarabdx

"Malheureusement elle était cardiaque, et bien bien bien dodue" et "elle aimait bien manger"
#Madeleineproject

11:51 - 10 févr. 2016

clara beaudoux
@clarabdx

Ce qu'elle adorait par dessus tout, c'était le saint-pierre #Madeleineproject

11:52 - 10 févr. 2016

clara beaudoux
@clarabdx

"Mais je ne lui en ai pas ramené souvent parce que pour une seule personne c'est énorme. Quand ils en avaient des petits, je lui rapportais"

11:53 - 10 févr. 2016

clara beaudoux
@clarabdx

Je suis allée voir ce poissonnier vendredi
dernier, il avait bien du saint-pierre
#Madeleineproject

J'AIME
2

11:54 - 10 févr. 2016

clara beaudoux
@clarabdx

Mais je n'en ai pas pris non plus, ça faisait trop
pour moi toute seule #Madeleineproject
soundcloud.com/madeleine-proj …

#Madeleineproject Poissonnier
Listen to #Madeleineproject Poissonnier by Madeleine project
#np on #SoundCloud
soundcloud

RETWEET   J'AIME
1   3

11:56 - 10 févr. 2016

clara beaudoux
@clarabdx

J'ai expliqué l'histoire au poissonnier, il a dit "oui, Madeleine. Ça me dit quelque chose", mais je crois qu'il a dit ça pour être gentil

J'AIME
2

11:58 - 10 févr. 2016

---

clara beaudoux
@clarabdx

"Quelques fois on l'invitait à déjeuner à la maison, car elle était quand même relativement seule" poursuit Eveline #Madeleineproject

J'AIME
2

12:00 - 10 févr. 2016

clara beaudoux
@clarabdx

"Elle avait une belle-fille, la fille de son mari", poursuit-elle #Madeleineproject

J'AIME
3

12:01 - 10 févr. 2016

---

clara beaudoux
@clarabdx

Mais mais mais... Madeleine a donc été mariée ? Ecoutez ce grand moment d'interrogation : soundcloud.com/madeleine-proj ...
#Madeleineproject

#Madeleineproject Question mariage
Listen to #Madeleineproject Question mariage by Madeleine project #np on #SoundCloud
soundcloud

RETWEET   J'AIME
1   12

12:03 - 10 févr. 2016

clara beaudoux
@clarabdx

Ils ne sont pas tout à fait d'accord, mais se rappellent qu'elle parlait d'un "mari", qu'ils n'ont jamais connu #Madeleineproject

J'AIME
3

12:06 - 10 févr. 2016

---

clara beaudoux
@clarabdx

"C'est dans ces moments-là, après coup, qu'on se dit 'peut-être que j'aurais pu lui parler un peu plus'" remarque Robert #Madeleineproject

RETWEET   J'AIME
1   4

12:06 - 10 févr. 2016

---

clara beaudoux
@clarabdx

Quand Madeleine venait déjeuner chez eux, elle apportait souvent un cadeau, "elle n'aimait jamais venir les mains vides" #Madeleineproject

J'AIME
4

12:08 - 10 févr. 2016

---

clara beaudoux
@clarabdx

Et c'est parti dans l'appartement d'Eveline et Robert pour retrouver les cadeaux de Madeleine #Madeleineproject

J'AIME
3

12:08 - 10 févr. 2016

clara beaudoux
@clarabdx

Ils me montrent ce livre, ces torchons, ces couverts à poisson #Madeleineproject

J'AIME
5

12:11 - 10 févr. 2016

---

clara beaudoux
@clarabdx

Puis dans la bibliothèque, ils cherchent longtemps, avant de retrouver ces deux livres offerts par Madeleine

RETWEET   J'AIME
1   7

12:12 - 10 févr. 2016

214

clara beaudoux
@clarabdx

Grâce à Eveline et Robert, je découvre un peu comment tu avais agencé mon/ton appartement #Madeleineproject

J'AIME
3

12:16 - 10 févr. 2016

clara beaudoux
@clarabdx

On fait un petit dessin, ton lit était à la même place que le mien #Madeleineproject

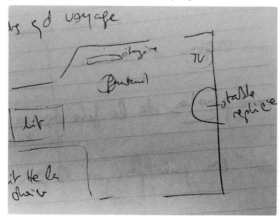

RETWEET   J'AIME
1   4

12:17 - 10 févr. 2016

clara beaudoux
@clarabdx

En ce moment même, quand je tape à mon bureau, je suis là où il y avait ta télé #Madeleineproject

RETWEET J'AIME
1   3

12:18 - 10 févr. 2016

clara beaudoux
@clarabdx

Ils me parlent aussi de son couple d'amis hollandais, pour lesquels elle cherchait des conseils de resto dans le quartier #Madeleineproject

J'AIME
3

12:21 - 10 févr. 2016

clara beaudoux
@clarabdx

Des plantes qu'elle arrosait en leur absence, des crêpes qu'Eveline lui apportait sur une petite assiette #Madeleineproject

J'AIME
3

12:22 - 10 févr. 2016

clara beaudoux
@clarabdx

De son regret de "n'avoir jamais connu autre chose que l'enseignement","de n'avoir jamais évolué dans d'autres milieux" #Madeleineproject

RETWEET J'AIME
1   6

12:22 - 10 févr. 2016

clara beaudoux
@clarabdx

De cette photo avec deux couples pique-
niquant sur l'herbe qui trônait dans son salon
#Madeleineproject

J'AIME
4

12:23 - 10 févr. 2016

---

clara beaudoux
@clarabdx

D'un appartement à Cannes, qu'elle a fini par
vendre #Madeleineproject

J'AIME
3

12:23 - 10 févr. 2016

---

clara beaudoux
@clarabdx

Après quoi l'été elle partait "passer un mois de
vacances à Bagnoles-de-l'Orne, dans une
station thermale"

J'AIME
3

12:24 - 10 févr. 2016

---

clara beaudoux
@clarabdx

L'été 2011, quand elle est rentrée de vacances,
Eveline et Robert n'étaient plus là. Ils avaient
déménagé, ils l'avaient bien sûr prévenue

J'AIME
3

12:26 - 10 févr. 2016

clara beaudoux
@clarabdx

Mais ils pensent que ça lui a fichu un coup...
#Madeleineproject

J'AIME
3

12:27 - 10 févr. 2016

---

clara beaudoux
@clarabdx

"Elle comptait beaucoup sur nous""comme elle
était cardiaque et que son studio était contigu à
notre chambre, il y avait un deal entre nous"

J'AIME
3

12:28 - 10 févr. 2016

---

clara beaudoux
@clarabdx

Elle leur avait dit "Si un jour je me trouve pas
bien, je me permettrai en pleine nuit de taper
avec ma canne sur le mur" #Madeleineproject

J'AIME
3

12:29 - 10 févr. 2016

---

clara beaudoux
@clarabdx

"Et elle enlevait sa clé tous les soirs, de façon à
ce que l'on puisse entrer dans l'appartement"
#Madeleineproject

J'AIME
3

12:29 - 10 févr. 2016

clara beaudoux
@clarabdx

Madeleine est morte quelques mois plus tard, début 2012 #Madeleineproject

RETWEET J'AIME
1   3

12:30 - 10 févr. 2016

---

clara beaudoux
@clarabdx

(Soit un peu plus d'un an seulement avant que j'y emménage)

J'AIME
2

12:31 - 10 févr. 2016

---

clara beaudoux
@clarabdx

En allant voir Robert et Eveline, je pensais apprendre où Madeleine était enterrée et pouvoir me rendre sur sa tombe #Madeleineproject

J'AIME
4

12:34 - 10 févr. 2016

---

clara beaudoux
@clarabdx

Ils m'apprennent qu'elle a été incinérée, au Père-Lachaise, mais ne savent pas où sont ses cendres #Madeleineproject

J'AIME
6

12:35 - 10 févr. 2016

clara beaudoux
@clarabdx

Et tout cela renvoie Robert à sa propre histoire, il regrette de n'avoir pas posé davantage de questions à ses parents, sur leur enfance

RETWEET   J'AIME
1   5

12:36 - 10 févr. 2016

---

clara beaudoux
@clarabdx

"Quand on est jeune, on a l'impression qu'ils seront éternels" "Et je ferais ce que vous faites, je noterais !" #Madeleineproject

RETWEETS   J'AIME
2   7

12:37 - 10 févr. 2016

---

clara beaudoux
@clarabdx

A demain #Madeleineproject madeleineproject.fr

RETWEET   J'AIME
1   13

12:37 - 10 févr. 2016

JOUR 4

clara beaudoux
@clarabdx

D'abord merci à Anne-Laure (et aux autres à
venir), parce que les recettes de Madeleine
reprennent vie <3

Anne-Laure @BazardesReves
Ce soir c'est on aura une pensée pour Madeleine en goûtant son
"biscuit maison" 😋 @clarabdx #Madeleineproject

221

J'AIME
14

11:12 - 11 févr. 2016

---

clara beaudoux
@clarabdx

Merci à Pauline C. aussi, qui m'a envoyé par
Facebook ces quelques images de St-Girons,
vacances 1928 de Madeleine

RETWEET   J'AIME
1   2

11:14 - 11 févr. 2016

clara beaudoux
@clarabdx

Elle m'a même envoyé "une vraie carte postale du début du siècle prise 15 ans avant la venue de Madeleine". Merci :)

J'AIME
3

11:15 - 11 févr. 2016

---

clara beaudoux
@clarabdx

J'ai retrouvé dans la cave une enveloppe "St-Girons, 1928", tu as 10 ans, et il y a ce pont #Madeleineproject

RETWEET   J'AIME
1   2

11:17 - 11 févr. 2016

222

Saison 2

clara beaudoux
@clarabdx

Reprenons maintenant avec ceux qui ont connu
Madeleine #Madeleineproject

J'AIME
2

11:18 - 11 févr. 2016

---

 clara beaudoux
@clarabdx

Ce jour-là je vais rencontrer Brigitte, la voisine
du 3e étage. A travers les murs de l'immeuble
j'entends souvent son fils jouer du piano

J'AIME
2

11:19 - 11 févr. 2016

---

 clara beaudoux
@clarabdx

Instant musique : au fond d'une valise je suis
tombée sur un diapason. Alors j'ai fait un LA
#Madeleineproject

RETWEET   J'AIME
1   6

11:21 - 11 févr. 2016

clara beaudoux
@clarabdx

C'est Marc et Sylvain qui ont d'abord parlé du #Madeleineproject à Brigitte, sans lui dire de qui il s'agissait

11:22 - 11 févr. 2016

---

clara beaudoux
@clarabdx

Brigitte a commencé à lire la saison 1 et "au bout de deux ou trois tweets, je me suis dit : mais c'est notre Madeleine !" #Madeleineproject

J'AIME
4

11:23 - 11 févr. 2016

---

clara beaudoux
@clarabdx

"C'est l'ambiance, c'est totalement elle" "comme si elle vous guidait, comme si il y avait un fil" #Madeleineproject

J'AIME
9

11:24 - 11 févr. 2016

---

clara beaudoux
@clarabdx

(Contenir son émotion) #Madeleineproject

J'AIME
10

11:25 - 11 févr. 2016

Saison 2

clara beaudoux
@clarabdx

"C'est comme si elle avait laissé un témoignage,
qu'elle avait voulu laisser toute sa vie"
#Madeleineproject

J'AIME
8

11:26 - 11 févr. 2016

---

 clara beaudoux
@clarabdx

"Ça la fait vivre, et puis ça lui donne aussi la
reconnaissance qu'elle mérite" "c'était une très
belle personne" "tout le monde l'aimait"

RETWEETS   J'AIME
2   11

11:27 - 11 févr. 2016

---

 clara beaudoux
@clarabdx

"Elle était très très attentive aux autres, toujours
toujours", toujours, me dit Brigitte
#Madeleineproject

J'AIME
3

11:28 - 11 févr. 2016

---

 clara beaudoux
@clarabdx

"Quand elle est arrivée, j'avais des enfants
petits, elle ne me connaissait pas, mais elle m'a
tout de suite proposé de les garder"

J'AIME
5

11:29 - 11 févr. 2016

 **clara beaudoux**
@clarabdx

Finalement ça ne s'est pas fait, mais elle prenait des nouvelles, "une fois elle leur a offert un petit Larousse"

RETWEET J'AIME
1   2

11:31 - 11 févr. 2016

 **clara beaudoux**
@clarabdx

Il y aussi un Larousse en deux tomes dans la cave, mais pas de la même année...
#Madeleineproject

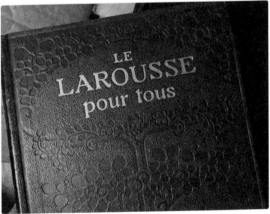

RETWEETS J'AIME
2   4

11:32 - 11 févr. 2016

clara beaudoux
@clarabdx

Dans ce Larousse-là, la guerre de 14-18
n'existe pas encore #Madeleineproject

RETWEET   J'AIME
1   7

11:33 - 11 févr. 2016

---

clara beaudoux
@clarabdx

Allons à la lettre "E" par exemple, comme
"Europe", celle d'il y a 100 ans...
#Madeleineproject

J'AIME
4

11:36 - 11 févr. 2016

clara beaudoux
@clarabdx

La date n'est pas indiquée sur le Larousse, mais grâce au "publié sous la direction de Claude Augé", on peut le situer à 1907-1908

J'AIME
1

11:37 - 11 févr. 2016

clara beaudoux
@clarabdx

Ce Larousse, c'est presque l'état du monde dans lequel tu es née #Madeleineproject

J'AIME
2

11:39 - 11 févr. 2016

clara beaudoux
@clarabdx

Qu'est-ce que je pourrais chercher d'autre dedans ? #Madeleineproject

J'AIME
1

11:39 - 11 févr. 2016

clara beaudoux
@clarabdx

.@NLeuthereauMorL ah ah voilà

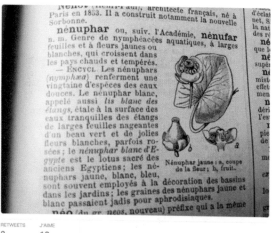

RETWEETS 3 J'AIME 18

11:43 - 11 févr. 2016

---

clara beaudoux
@clarabdx

"Elle aimait transmettre, elle parlait beaucoup de son métier d'institutrice qu'elle adorait" poursuit Brigitte #Madeleineproject

RETWEETS 2 J'AIME 3

11:45 - 11 févr. 2016

clara beaudoux
@clarabdx

Je ne me lasse pas de ces toutes petites
étiquettes #Madeleineproject

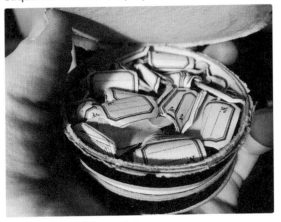

J'AIME
14

11:54 - 11 févr. 2016

clara beaudoux
@clarabdx

Plusieurs personnes ont émis l'hypothèse que
Madeleine travaillait dans le quartier, je cherche
à savoir où #Madeleineproject

11:55 - 11 févr. 2016

clara beaudoux
@clarabdx

"Dans Paris, mais pas dans les beaux quartiers,
plutôt nord-nord ouest". Pourquoi vous pensez
ça ? "La façon dont elle en parlait"

11:55 - 11 févr. 2016

clara beaudoux
@clarabdx

Elle était "pas bégueule, proche des gens, très à l'écoute" "donc je la vois plutôt dans un quartier plus populaire" "une femme bien quoi !"

J'AIME
1

11:56 - 11 févr. 2016

---

clara beaudoux
@clarabdx

"Elle adorait les enfants, je pense que c'est un grand regret pour elle de ne pas en avoir eu" #Madeleineproject

J'AIME
3

11:56 - 11 févr. 2016

---

clara beaudoux
@clarabdx

Je retrouve dans la cave le mot d'un "petit garçon qui vous aime beaucoup" à sa maîtresse Madeleine #Madeleineproject

RETWEET   J'AIME
1   5

11:58 - 11 févr. 2016

clara beaudoux
@clarabdx

En 1957, Jean-Luc écrit à Madeleine qu'elle est "douce comme de la laine de mouton" <3
#Madeleineproject

RETWEETS   J'AIME
8   28

11:59 - 11 févr. 2016

clara beaudoux
@clarabdx

Il y a aussi quelques dessins d'enfant dans un carnet, le filleul peut-être #Madeleineproject

J'AIME
1

12:03 - 11 févr. 2016

clara beaudoux
@clarabdx

Ici encore des trèfles séchés, sur du papier buvard #Madeleineproject

RETWEET 1   J'AIME 4

12:05 - 11 févr. 2016

---

clara beaudoux
@clarabdx

Herbier sauvage entre les pages
#Madeleineproject

RETWEET 1   J'AIME 5

12:05 - 11 févr. 2016

clara beaudoux
@clarabdx

"Pluie, orage, pluie, 1er mai" #Madeleineproject

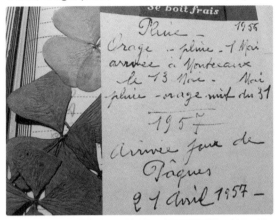

J'AIME
2

12:06 - 11 févr. 2016

---

clara beaudoux
@clarabdx

Sur cette feuille, je ne comprends pas, tu comptes chaque lettre ? Pourquoi ?#Madeleineproject

J'AIME
5

12:08 - 11 févr. 2016

clara beaudoux
@clarabdx

Et à la fin du carnet, sur du papier calque, ils sautillent #Madeleineproject

J'AIME
6

12:10 - 11 févr. 2016

clara beaudoux
@clarabdx

"Elle aimait bien rire, s'amuser, elle prenait pas les choses au sérieux, c'était quelqu'un qui était extrêmement positif" #Madeleineproject

J'AIME
2

12:14 - 11 févr. 2016

Jour 4

clara beaudoux
@clarabdx

"C'était quelqu'un que j'aimais beaucoup"
#Madeleineproject soundcloud.com/madeleine-
proj ...

 #Madeleineproject "Quelqu'un que j'aimais beaucoup" Brig...
Listen to #Madeleineproject "Quelqu'un que j'aimais beaucoup"
Brigitte by Madeleine project #np on #SoundCloud
soundcloud

J'AIME
1

12:17 - 11 févr. 2016

---

 clara beaudoux
@clarabdx

"Physiquement c'était une petite bonne femme
pas très grande, plus petite que moi" dit Brigitte
qui mesure 1 m 57, moi 1 m 60 #Madeleineproject

12:22 - 11 févr. 2016

---

 clara beaudoux
@clarabdx

"Ronde, vraiment" "Elle avait du mal à marcher,
elle avait les pattes gonflées" #Madeleineproject

12:23 - 11 févr. 2016

---

 clara beaudoux
@clarabdx

Elle allait quand même faire ses courses, et a
priori dans le même supermarché que moi
#Madeleineproject

12:23 - 11 févr. 2016

clara beaudoux
@clarabdx

Brigitte se souvient que "oui oui, elle a eu un
mari, je pense qu'il était aussi dans
l'enseignement" #Madeleineproject

J'AIME
3

12:24 - 11 févr. 2016

---

 clara beaudoux
@clarabdx

"Pour Noël ou le premier de l'an, comme je
savais qu'elle était toute seule le soir, je lui
descendais des petits canapés qu'on avait faits"

J'AIME
4

12:26 - 11 févr. 2016

---

clara beaudoux
@clarabdx

237

"Pour le 1er mai je lui posais un brin de muguet,
on avait de bonnes relations, c'était tendre,
c'était très tendre" #Madeleineproject

J'AIME
4

12:26 - 11 févr. 2016

---

clara beaudoux
@clarabdx

La solitude ? "Je ne pense pas qu'elle en
souffrait, elle lisait beaucoup" "Si elle ne lisait
pas, elle trouvait des choses à la télé"

RETWEET   J'AIME
1   3

12:28 - 11 févr. 2016

clara beaudoux
@clarabdx

"Vous inquiétez pas, je m'ennuie jamais" disait
Madeleine #Madeleineproject

J'AIME
3

12:28 - 11 févr. 2016

clara beaudoux
@clarabdx

"Elle était intéressée par plein de choses, elle
était ouverte sur le monde" "Elle avait toujours
des choses belles et chouettes à raconter"

J'AIME
3

12:30 - 11 févr. 2016

---

clara beaudoux
@clarabdx

"Elle parlait beaucoup de voyages aussi" "elle
aimait ça, les livres sur les voyages" ou les
émissions à la télé #Madeleineproject

J'AIME
2

12:32 - 11 févr. 2016

---

clara beaudoux
@clarabdx

(Parfois je me perds un peu, et j'ai l'impression
que les voisins ne parlent plus vraiment que
d'elle...) #Madeleineproject

12:33 - 11 févr. 2016

clara beaudoux
@clarabdx

Tes voyages, tes souvenirs, conservés,
mélangés, sur toutes ces photos
#Madeleineproject

J'AIME
2

12:37 - 11 févr. 2016

clara beaudoux
@clarabdx

Ici Venise, j'y étais en septembre
#Madeleineproject

J'AIME
4

12:39 - 11 févr. 2016

clara beaudoux
@clarabdx

Là l'Egypte (jamais été) #Madeleineproject

J'AIME
5

12:40 - 11 févr. 2016

---

clara beaudoux
@clarabdx

Ici la Grèce ? #Madeleineproject

J'AIME
5

12:41 - 11 févr. 2016

clara beaudoux
@clarabdx

Et puis la Hollande, forcément... Il y a ce sachet
de la pharmacie #Madeleineproject

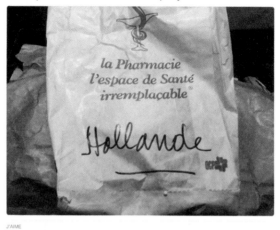

J'AIME
1

12:43 - 11 févr. 2016

clara beaudoux
@clarabdx

Et dedans différents lieux #Madeleineproject

J'AIME
2

12:44 - 11 févr. 2016

clara beaudoux
@clarabdx

Est-ce que ce sont tes amis ? Est-ce que c'est
un moulin sans ailes ? #Madeleineproject

RETWEET
1

12:47 - 11 févr. 2016

clara beaudoux
@clarabdx

Quelqu'un reconnaît ces maisons ?
#Madeleineproject

RETWEETS
5

12:48 - 11 févr. 2016

clara beaudoux
@clarabdx

Ce moulin aussi dans un carnet
#Madeleineproject

RETWEET   J'AIME
1   1

12:48 - 11 févr. 2016

clara beaudoux
@clarabdx

Tu aimais peut-être Van Gogh à cause de la
Hollande aussi ? #Madeleineproject

RETWEET   J'AIME
1   2

12:49 - 11 févr. 2016

clara beaudoux
@clarabdx

Et ça c'est où ? #Madeleineproject

J'AIME
4

12:50 - 11 févr. 2016

clara beaudoux
@clarabdx

Et ça ? #Madeleineproject

12:50 - 11 févr. 2016

clara beaudoux
@clarabdx

Et ces belles cartes d'Italie #Madeleineproject

J'AIME
7

12:51 - 11 févr. 2016

---

clara beaudoux
@clarabdx

"Les derniers temps, elle avait décidé qu'elle s'offrait un mois en Normandie l'été, en pension complète, elle trouvait ça sympa"

J'AIME
3

12:53 - 11 févr. 2016

---

clara beaudoux
@clarabdx

"Elle rencontrait des gens, elle jouait aux cartes, et d'une année sur l'autre elle avait hâte de retourner là-bas" poursuit Brigitte

J'AIME
1

12:54 - 11 févr. 2016

clara beaudoux
@clarabdx

C'est Bagnoles-de-l'Orne dont me parlaient
Eveline et Robert, j'ai d'ailleurs trouvé une carte
postale dans la cave

RETWEET   J'AIME
1   1

12:54 - 11 févr. 2016

clara beaudoux
@clarabdx

Faudra-t-il que je m'y rende ? #Madeleineproject

J'AIME
1

12:57 - 11 févr. 2016

clara beaudoux
@clarabdx

"Elle a même pensé, un temps, si je me
souviens bien, aller s'installer là-bas, parce
qu'elle s'y trouvait vraiment très très bien"

RETWEET
1

12:58 - 11 févr. 2016

clara beaudoux
@clarabdx

"Elle pouvait se promener, au bord de la mer,
elle aimait ça" #Madeleineproject

RETWEET J'AIME
1   5

12:58 - 11 févr. 2016

---

clara beaudoux
@clarabdx

Eh oui, j'ai vu que tu aimais la mer, Madeleine
#Madeleineproject

RETWEET J'AIME
1   11

13:00 - 11 févr. 2016

Jour 4

247

clara beaudoux
@clarabdx

Tu allais à la plage déjà petite, "Ault 1925", tu avais 10 ans #Madeleineproject

RETWEET   J'AIME
1   4

13:03 - 11 févr. 2016

clara beaudoux
@clarabdx

Mardi, Brigitte m'a envoyé un mail, pour me donner une précision sur la sonnette #Madeleineproject

clara beaudoux @clarabdx
Cette sonnette, c'est encore ma sonnette, la voilà #Madeleineproject soundcloud.com/madeleine-proj…

13:06 - 11 févr. 2016

clara beaudoux
@clarabdx

"Pour savoir que c'était nous, quand elle entendait encore, il fallait sonner trois fois à sa porte, alors seulement elle ouvrait !"

RETWEET   J'AIME
1   1

13:07 - 11 févr. 2016

clara beaudoux
@clarabdx

Voilà, avec tout ça j'ai découvert mes voisins, et je ne regarde plus les petites vieilles du quartier de la même manière #Madeleineproject

J'AIME
12

13:09 - 11 févr. 2016

clara beaudoux
@clarabdx

Et maintenant quand je passe dans une brocante, j'imagine toutes les vies derrière chaque objet, vertigineux #Madeleineproject

RETWEET   J'AIME
1   18

13:09 - 11 févr. 2016

---

clara beaudoux
@clarabdx

J'avais besoin de ces rencontres avec les voisins, elles ont été pour moi une succession de "ouf" intérieurs #Madeleineproject

J'AIME
4

13:10 - 11 févr. 2016

---

clara beaudoux
@clarabdx

A chaque rdv pris, derrière chaque porte, je craignais pourtant de découvrir la personne qui me dirait d'arrêter le #Madeleineproject

J'AIME
1

13:11 - 11 févr. 2016

clara beaudoux
@clarabdx

Mais j'ai vu leur émotion, leur enthousiasme –
eux qui l'ont connue – et ça m'a donné encore
plus envie de continuer #Madeleineproject

J'AIME
10

13:16 - 11 févr. 2016

---

clara beaudoux
@clarabdx

Restait à rencontrer le filleul, je vous raconte ça
demain #Madeleineproject

J'AIME
10

13:17 - 11 févr. 2016

---

clara beaudoux
@clarabdx

A demain #Madeleineproject madeleineproject.fr

![Photo d'une fleur séchée posée sur une lettre manuscrite]

RETWEETS   J'AIME
2   13

13:18 - 11 févr. 2016

JOUR 5

 clara beaudoux
@clarabdx

Il m'a fallu du temps pour oser reprendre
contact avec le filleul, après la saison 1
#Madeleineproject

J'AIME
2

11:09 - 12 févr. 2016

clara beaudoux
@clarabdx

Enfin, un jour, je me décide à appeler chez lui. Je tombe sans cesse sur sa femme, des chiens aboient en fond sonore #Madeleineproject

J'AIME
2

11:11 - 12 févr. 2016

---

clara beaudoux
@clarabdx

Je finis par l'avoir. Il n'a entendu parler de rien. Mais l'idée lui plaît #Madeleineproject

J'AIME
4

11:11 - 12 févr. 2016

---

clara beaudoux
@clarabdx

Je l'interroge sur ce qu'il pense des réseaux sociaux, il me fait rire en me disant qu'il est "anti" : #Madeleineproject

RETWEET   J'AIME
1   3

11:12 - 12 févr. 2016

---

clara beaudoux
@clarabdx

"Tous ces gens qui racontent leur propre vie sur les réseaux, puis qui râlent parce qu'il y a des caméras dans la rue" #Madeleineproject

RETWEETS   J'AIME
4   8

11:12 - 12 févr. 2016

clara beaudoux
@clarabdx

Après avoir lu la saison 1, il me dira : "c'est poétique", "j'ai même appris des choses" #Madeleineproject

RETWEET   J'AIME
1   3

11:14 - 12 févr. 2016

---

clara beaudoux
@clarabdx

Et c'est lui qui me propose que l'on se rencontre #Madeleineproject

J'AIME
3

11:14 - 12 févr. 2016

---

clara beaudoux
@clarabdx

J'arrive avec une série de questions très précises. Il a réponse à tout, évidemment. Pour lui tout est si évident #Madeleineproject

J'AIME
4

11:16 - 12 févr. 2016

---

clara beaudoux
@clarabdx

Les parents de Madeleine étaient amis avec les parents de sa mère, et Madeleine et sa mère étaient très amies #Madeleineproject

J'AIME
2

11:17 - 12 févr. 2016

clara beaudoux
@clarabdx

Madeleine n'a jamais eu d'enfant, non. "J'ai joué un peu ce rôle-là" me dit-il #Madeleineproject

J'AIME
4

11:18 - 12 févr. 2016

---

clara beaudoux
@clarabdx

Madeleine n'a jamais été mariée, non. Mais elle a vécu maritalement quelques années, avec un autre enseignant : Bernard #Madeleineproject

J'AIME
4

11:19 - 12 févr. 2016

---

clara beaudoux
@clarabdx

Eh oui, je m'en doutais, c'est ce Bernard qui est mentionné à plusieurs reprises dans la cave #Madeleineproject

J'AIME
2

11:19 - 12 févr. 2016

Jour 5

 clara beaudoux
@clarabdx

Il signe d'ailleurs avec de jolis gribouillis
#Madeleineproject

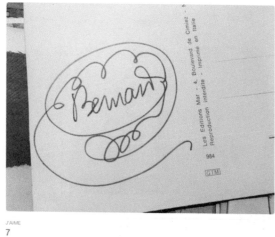

J'AIME
7

11:20 - 12 févr. 2016

 clara beaudoux
@clarabdx

Ça c'est tout un paquet de lettres de lui
#Madeleineproject

J'AIME
6

11:21 - 12 févr. 2016

clara beaudoux
@clarabdx

Dans l'une d'elle il a découpé un bout de carte postale car elle n'entrait pas dans l'enveloppe, j'ai ri

RETWEETS   J'AIME
2   14

11:23 - 12 févr. 2016

clara beaudoux
@clarabdx

Il y a parfois des petites plantes entre les pages de ses lettres, il savait que tu aimais ça
#Madeleineproject

J'AIME
10

11:25 - 12 févr. 2016

clara beaudoux
@clarabdx

Sinon ses lettres sont pleines du quotidien, de celui que je ne saurais plus raconter sur du papier #Madeleineproject

J'AIME
2

11:27 - 12 févr. 2016

---

 clara beaudoux
@clarabdx

Et puis il y a une histoire compliquée avec sa fille, à lui, ça n'avait pas l'air drôle #Madeleineproject

J'AIME
1

11:28 - 12 févr. 2016

---

 clara beaudoux
@clarabdx

Je lis des "ne pleure pas trop longtemps", des "pas de chagrin, c'est inutile", ça sonne triste, gris, froid comme le béton qui m'entoure

J'AIME
3

11:29 - 12 févr. 2016

---

clara beaudoux
@clarabdx

Je décide de laisser cette histoire-là de côté #Madeleineproject

J'AIME
3

11:30 - 12 févr. 2016

clara beaudoux
@clarabdx

Son filleul garde le souvenir d'une femme
"superbe", "plus qu'une marraine pour moi"
#Madeleineproject

J'AIME
4

11:31 - 12 févr. 2016

clara beaudoux
@clarabdx

Ils étaient "très proches", il a passé "toute sa
jeunesse" avec elle, "ses parents étaient des
gens formidables" #Madeleineproject

J'AIME
1

11:31 - 12 févr. 2016

clara beaudoux
@clarabdx

A Bourges, la mère de Madeleine tenait une
boutique, une mercerie #Madeleineproject

RETWEETS   J'AIME
2   3

11:32 - 12 févr. 2016

clara beaudoux
@clarabdx

Ainsi, je vois d'un autre œil ce petit sachet
trouvé dans la cave #Madeleineproject

J'AIME
4

11:33 - 12 févr. 2016

clara beaudoux
@clarabdx

Je le vide dans une de tes nombreuses boîtes, il
y a des boutons de toutes sortes
#Madeleineproject

J'AIME
2

11:36 - 12 févr. 2016

clara beaudoux
@clarabdx

Et ça aussi, ça ressemble à du stock de
mercerie, non ? #Madeleineproject

RETWEET   J'AIME
1   6

11:37 - 12 févr. 2016

clara beaudoux
@clarabdx

Le filleul poursuit : le père de Madeleine était
prof dans l'enseignement technique
#Madeleineproject

11:38 - 12 févr. 2016

Saison 2

clara beaudoux
@clarabdx

Ces compas étaient donc peut-être ceux de ton père #Madeleineproject

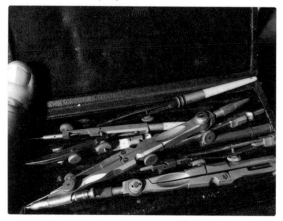

J'AIME
2

11:40 - 12 févr. 2016

clara beaudoux
@clarabdx

Et tous ces petits dessins techniques que je retrouve dans un agenda de ton papa #Madeleineproject

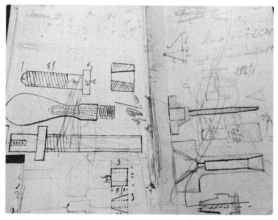

J'AIME
2

11:41 - 12 févr. 2016

clara beaudoux
@clarabdx

Madeleine est arrivée à Paris toute petite, elle a toujours vécu dans ce quartier, dans mon quartier #Madeleineproject

RETWEETS
2

11:42 - 12 févr. 2016

clara beaudoux
@clarabdx

L'été, oui, elle partait seule en Normandie, c'était une femme "très très indépendante" dit le filleul #Madeleineproject

RETWEETS J'AIME
4   3

11:43 - 12 févr. 2016

clara beaudoux
@clarabdx

Qu'est ce qu'elle aimait ? "Tout". "Elle lisait beaucoup", "elle s'intéressait à tout, même à la fin de sa vie" #Madeleineproject

RETWEETS J'AIME
3   3

11:45 - 12 févr. 2016

clara beaudoux
@clarabdx

Madeleine lui disait : "Ce qui me désole c'est que je ne vivrai pas assez longtemps pour connaître tout ce que j'ai envie de savoir"

RETWEETS J'AIME
10   6

11:46 - 12 févr. 2016

clara beaudoux
@clarabdx

"Elle s'intéressait à des trucs incroyables, même modernes, je n'irai pas jusqu'à dire que c'était une geek mais..." #Madeleineproject

RETWEETS 2 J'AIME 5

11:48 - 12 févr. 2016

---

clara beaudoux
@clarabdx

Elle avait aussi une "mémoire faramineuse", poursuit son filleul, elle se rappelait de tout ce qu'elle lisait #Madeleineproject

RETWEETS 2 J'AIME 3

11:49 - 12 févr. 2016

---

clara beaudoux
@clarabdx

"Elle avait un sale caractère" ajoute-il quand même "elle n'admettait pas la contradiction, mais le pire c'est qu'elle avait souvent raison"

RETWEETS 3 J'AIME 5

11:50 - 12 févr. 2016

clara beaudoux
@clarabdx

Avec le filleul, on refait un petit plan de mon/ton appartement #Madeleineproject

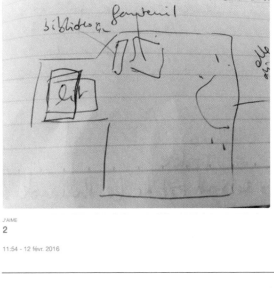

J'AIME
2

11:54 - 12 févr. 2016

clara beaudoux
@clarabdx

Son lit était bien à la même place que le mien, mais dans l'autre sens ! Dingue, je voulais essayer ça depuis quelques temps...

J'AIME
2

11:55 - 12 févr. 2016

clara beaudoux
@clarabdx

Et alors, où a-t-elle le plus enseigné ? #Madeleineproject

RETWEET   J'AIME
1   1

11:56 - 12 févr. 2016

clara beaudoux
@clarabdx

Rue Championnet dans le 18e, me répond le
filleul, c'est "là qu'elle a fait toute sa carrière"
#Madeleineproject

RETWEET   J'AIME
1   9

11:57 - 12 févr. 2016

---

clara beaudoux
@clarabdx

Alors je suis allée voir cette école
#Madeleineproject

RETWEET   J'AIME
1   4

11:59 - 12 févr. 2016

---

clara beaudoux
@clarabdx

Et je me suis dit que le son des enfants dans la
cour ne devait pas avoir beaucoup changé
#Madeleineproject

J'AIME
1

12:00 - 12 févr. 2016

clara beaudoux
@clarabdx

Madeleine a aussi enseigné à Aubervilliers,
j'avais trouvé des photos de classe dans la cave
twitter.com/clarabdx/statu … #Madeleineproject

 clara beaudoux @clarabdx
Dans une valise, plein de photos de groupes ou de classes avec
une personne en commun sur chaque.. #Madeleineproject

J'AIME
3

12:01 - 12 févr. 2016

---

 clara beaudoux
@clarabdx

J'ai eu l'occasion de faire un tour dans cette
école, j'espère vous en reparler très vite
#Madeleineproject

J'AIME
3

12:02 - 12 févr. 2016

clara beaudoux
@clarabdx

Qu'y a-t-il de si important à Montceaux-lès-Meaux, tant de fois mentionné dans cette cave ? #Madeleineproject

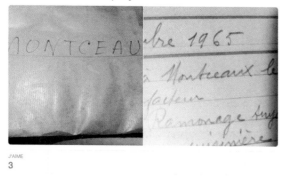

J'AIME
3

12:04 - 12 févr. 2016

clara beaudoux
@clarabdx

La maison de campagne des parents de Madeleine, le filleul me fait un schéma pour retrouver leur maison #Madeleineproject

J'AIME
1

12:06 - 12 févr. 2016

clara beaudoux
@clarabdx

Faudra-t-il que je m'y rende ? #Madeleineproject

J'AIME
5

12:06 - 12 févr. 2016

clara beaudoux
@clarabdx

Un peu plus loin sur le schéma, il dessine un
rectangle : c'est le verger du père de Madeleine,
il avait des pommes pour faire du cidre

12:08 - 12 févr. 2016

---

 clara beaudoux
@clarabdx

Je pense que je l'ai vu depuis la cave, ce verger
#Madeleineproject

J'AIME
4

12:10 - 12 févr. 2016

---

 clara beaudoux
@clarabdx

Le filleul se souvient aussi des plats de la mère
de Madeleine, à Montceaux, "aujourd'hui encore
des odeurs m'y ramènent tout de suite"...

J'AIME
4

12:11 - 12 févr. 2016

clara beaudoux
@clarabdx

Un peu comme la madeleine de Proust...
#Madeleineproject

J'AIME
4

12:12 - 12 févr. 2016

---

 clara beaudoux
@clarabdx

Là vous êtes tous les trois devant la maison de
Montceaux en 1947... #Madeleineproject

J'AIME
7

12:17 - 12 févr. 2016

clara beaudoux
@clarabdx

Là c'est la moisson, dans ce coin-là je pense aussi #Madeleineproject

RETWEET   J'AIME
1   2

12:17 - 12 févr. 2016

---

clara beaudoux
@clarabdx

Montceaux, j'ai de toutes façons prévu de m'y rendre, puisque ce lieu fait partie de l'histoire de Loulou... #Madeleineproject

J'AIME
7

12:19 - 12 févr. 2016

**clara beaudoux**
@clarabdx

Loulou, je l'ai cherché et cherché encore sur tes photos #Madeleineproject

12:20 - 12 févr. 2016

clara beaudoux
@clarabdx

Jusqu'à tomber sur un beau jeune homme
#Madeleineproject

J'AIME
2

12:22 - 12 févr. 2016

---

 clara beaudoux
@clarabdx

Les dates peuvent correspondre, mais tu
n'indiques jamais qui est sur la photo
malheureusement #Madeleineproject

J'AIME
1

12:22 - 12 févr. 2016

---

clara beaudoux
@clarabdx

Il y a toute une série de photos de lui
#Madeleineproject

RETWEET   J'AIME
1   10

12:23 - 12 févr. 2016

clara beaudoux
@clarabdx

Et je me mets à imaginer ton amour derrière
l'objectif #Madeleineproject

RETWEETS   J'AIME
2   16

12:24 - 12 févr. 2016

---

clara beaudoux
@clarabdx

Il y a quelques photos de vous deux, aussi.
Mais est-ce bien lui ? Comment savoir ?
#Madeleineproject

J'AIME
7

12:25 - 12 févr. 2016

clara beaudoux
@clarabdx

Passion pour les trèfles à 4 feuilles, je tombe sur ce petit papier plié, collé, mais je vois bien par transparence

RETWEETS   J'AIME
2   9

12:29 - 12 févr. 2016

clara beaudoux
@clarabdx

Dedans, oui, un petit trèfle, tu l'avais protégé
#Madeleineproject

RETWEET   J'AIME
1   9

12:30 - 12 févr. 2016

clara beaudoux
@clarabdx

Il y a aussi cette mini pochette en papier
#Madeleineproject

RETWEET   J'AIME
1   3

12:31 - 12 févr. 2016

---

clara beaudoux
@clarabdx

Dedans, comme à chaque fois, un petit trésor
inutile, que je frôle pour ne pas l'abîmer
#Madeleineproject

RETWEETS   J'AIME
2   15

12:31 - 12 févr. 2016

clara beaudoux
@clarabdx

Si fragile et qui a pourtant traversé le temps
#Madeleineproject

RETWEETS   J'AIME
3   9

12:33 - 12 févr. 2016

 clara beaudoux
@clarabdx

Et je remets tout si bien en place, avec la plus
grande précaution. Comme si tu allais venir
rechercher tout ça... #Madeleineproject

RETWEET   J'AIME
1   7

12:34 - 12 févr. 2016

 clara beaudoux
@clarabdx

Le filleul se souvient des grands amis hollandais
de Madeleine, ils étaient "des correspondants" à
ses parents et à elle #Madeleineproject

J'AIME
1

12:37 - 12 févr. 2016

clara beaudoux
@clarabdx

Il m'indique que ces gens sont morts, mais ils avaient cinq enfants. La cave est pleine d'eux, aussi #Madeleineproject

12:38 - 12 févr. 2016

clara beaudoux
@clarabdx

Le filleul a été une fois en Hollande avec Madeleine #Madeleineproject

12:39 - 12 févr. 2016

clara beaudoux
@clarabdx

Faudra-t-il que je m'y rende ? #Madeleineproject

J'AIME
4

12:40 - 12 févr. 2016

clara beaudoux
@clarabdx

Est-ce que sur cette photo tu ne portes pas un
petit habit traditionnel néerlandais justement ?
#Madeleineproject

J'AIME
4

12:43 - 12 févr. 2016

clara beaudoux
@clarabdx

La mer, que tu aimais tant, pour nous emmener
vers la fin #Madeleineproject

RETWEETS   J'AIME
4   14

12:48 - 12 févr. 2016

clara beaudoux
@clarabdx

Madeleine est décédée à l'hôpital, "pas une mort sereine, disons" #Madeleineproject

J'AIME
1

12:49 - 12 févr. 2016

---

clara beaudoux
@clarabdx

Selon sa volonté, elle a été incinérée, et ses cendres ont été dispersées, à Bourges #Madeleineproject

RETWEET   J'AIME
1   5

12:50 - 12 févr. 2016

---

clara beaudoux
@clarabdx

Je m'inquiète, rien, pas une plaque."C'était une grande laïcarde vous savez","comme beaucoup d'enseignants" #Madeleineproject

RETWEET   J'AIME
1   5

12:51 - 12 févr. 2016

---

clara beaudoux
@clarabdx

Pour moi c'est un peu comme si elle disparaissait soudain, je n'ai donc nulle part où aller la voir une dernière fois #Madeleineproject

RETWEET   J'AIME
1   2

12:52 - 12 févr. 2016

clara beaudoux
@clarabdx

Et je viens d'obtenir tellement de réponses d'un coup #Madeleineproject

RETWEET   J'AIME
1   2

12:53 - 12 févr. 2016

clara beaudoux
@clarabdx

J'ai souhaité sortir de la magie de cette cave, en reprenant mes outils de journaliste, en allant interviewer les vivants #Madeleineproject

RETWEETS   J'AIME
2   6

12:54 - 12 févr. 2016

---

clara beaudoux
@clarabdx

Et puis je me retrouve un peu étourdie, par tant de réalité #Madeleineproject

J'AIME
3

12:54 - 12 févr. 2016

clara beaudoux
@clarabdx

Alors je regagne le sous-sol #Madeleineproject

RETWEET   J'AIME
1   3

12:55 - 12 févr. 2016

---

clara beaudoux
@clarabdx

Et j'ouvre à nouveau la boîte des gommettes en étoiles, je t'imagine les coller #Madeleineproject

0:03 / 0:30

RETWEETS   J'AIME
2   5

12:58 - 12 févr. 2016

---

clara beaudoux
@clarabdx

Et je retourne vers les questions insolubles, répétées, de celles qui m'ont tant fait rêver. Sur certaines j'ai quand même un peu avancé

RETWEET
1

12:59 - 12 févr. 2016

clara beaudoux
@clarabdx

Qu'est-ce que tu trouvais beau ? Où partait ton imagination ? A quoi rêvais-tu ? Comment sonnait ta voix ? #Madeleineproject

RETWEET J'AIME
1   4

13:00 - 12 févr. 2016

---

clara beaudoux
@clarabdx

Quels étaient tes désirs, tes joies, tes colères, tes croyances ? A quoi ressemblait ton paysage intérieur ? #Madeleineproject

RETWEETS J'AIME
2   4

13:00 - 12 févr. 2016

---

clara beaudoux
@clarabdx

Qu'aurais-tu pensé de tout cela ? #Madeleineproject

RETWEETS J'AIME
2   9

13:00 - 12 févr. 2016

clara beaudoux
@clarabdx

~ A Madeleine ~

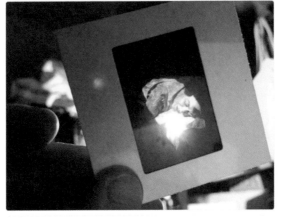

RETWEETS   J'AIME
7   31

13:03 - 12 févr. 2016

clara beaudoux
@clarabdx

Voilà pour cette saison 2, pour être tenu au courant de la suite, Facebook ou newsletter, retrouvez tout ici madeleineproject.fr

RETWEETS   J'AIME
5   21

13:07 - 12 févr. 2016

 **clara beaudoux**
@clarabdx

Et pour finir, je suis très heureuse de vous annoncer que ces deux premières saisons seront publiées dans un livre #Madeleineproject

RETWEETS   J'AIME
27   67

13:08 - 12 févr. 2016

 **clara beaudoux**
@clarabdx

Je n'ai pas choisi l'éditeur à cause de son nom, mais j'aurais pu : @ed_sous_sol Je vous en dis plus très bientôt ! #Madeleineproject

RETWEETS   J'AIME
4   26

13:09 - 12 févr. 2016

---

 clara beaudoux
@clarabdx

A bientôt alors ! Et un immense merci à tous <3 #Madeleineproject

RETWEETS   J'AIME
2   35

13:09 - 12 févr. 2016

De nombreux internautes ont répondu aux tweets
publiés dans cet ouvrage. L'idée initiale était
de tout imprimer sur le papier, mais cela faisait
finalement beaucoup trop!

Si vous voulez tout de même lire ces réponses,
vous les retrouverez ici :

Alors pour tout ça, pour vos remarques, commentaires,
questions, suggestions, idées, hypothèses,
et pour votre soutien,
merci :

@_ _Styx_ _ @_olivier_m @16ames @1GRR @54Lilly @A2na_
Gautier @Aire_Azul @AKrempf @alablo @Alb_B @aldelafontaine
@alffds @aliciapleure @alixadi @Ann_BLAblabla @annatwit
@Anne_JM @annelaurechouin @annelisebth @annepins
@AnneSoC85 @AntoineMR @AntoSavey @apenche @apinczon
@ArMelleP @Aschving @ASignoret @AtelierEditions
@AteliersVaran @aureliecolorbd @AurianeHamon
@auroredeferry @avdbeken @AydenSheridan @B_Maxibear
@Bablefo @bapschweitzer @BazardesReves @Belgioscopie
@BenHimself75 @bensedira23 @BereniceVIGROUX @bertrand_
caza @Bexounet @BHartrig @BleuAzur_ @blogHomeCollect
@BMDijonPat @BobbyFreckles @Bossancourt @boumla
@BoutS_de_Moi @BPromerat @bregeon_lucas @c_Tribz
@cajgana @Caloute47 @CamilleBrinet @CaroBindel
@carolinecaldier @CatherineMethon @cathpn @cbdhugo
@ce_cile @CecileGuthleben @Celine_COUROUX @celinebras
@Cetetelle @CharlotteZipper @chaussademadele @Chipeste
@christeljeanne2 @Cinema33Annie @clairdevil
@ClaudieMousnier @cm2aJeanMace @colinecordonni1
@Comme_un_orme @CoralieMensa @CordeliaBonal
@couleurkf @couleurlivre @CourretB @cyberal77 @dalva7513
@DamidotV alerie @damienblogue @danieldusud @dankstphoto
@dapickboy @DeboHas @Deedo_75 @delateuranonyme
@delphOsmont @denissouilla @des_milkynut @DidierDN
@difference134 @DimScapolan @DiogenedArc @dobarba
@Doespirito @dolu51 @donjuan_dvro @DoretGaelle @drejulie
@DrTocToc @E_Chatelais @EleonoreDMA @elianecaillou
@elikxir @ellewildi @emalquier @Emilier1CH @estelle_cognacq
@exsonvaldes @F4FXL @fleche72 @FloGeneuf
@FranckSerein @frapuchon @FredDaurelle @Freddinette

@fredehl @fredhaffner @Frenchwithfun @FRousselot
@fuchsadele @fxverdot @GaelleFontenit @GeChamussy
@germainebertin @GI581d @GLiberge @gnujeremie
@GossiplyYours @guepier92 @GwenPaine @HerveMarchon
@i_car @ilesttropgentil @ilnoir @IraJaymes @Iris_Oho
@Ivy_Pearson @jchrimartin @JcWasner @jeanAbbiateci
@jeffsimmarano @jerome_autour @JeromeTomasini @joaquim_
hock @judith_rueff @Jujuuz_ @julien_goy @JulieNavarro
@juliengoetz @julienmuguet @JulieSeniura @JWullus
@KanorUbu @KareneBellina @katia67951530 @KatKitten4
@kenny33600 @khhiii @KoliaDelesalle @Krakramille @krislesage
@ktorz @l_anelli @L3naWho @LaBombeH @lachtitebibou
@Lagouelle @LanaM90 @Laroche1Claude @LaureBeaulieu
@laurencegeny @LauryPouvreau @LC_Agathe @Le_Bip
@Le_P AH @lea_robine @leAmato13 @leberry_fr @leblognoteur
@lecamifat @Lefevregaessler @LepouseX @leroylaurent @liane_
belot @liaskerrit @lilibotte @limonadeandco @LionelFrancou
@Lipovitca @LLI66 @lolawichegrod @lryngael @LStrapontine
@LulamaeA @M_Mondoloni @MagalivonWurm
@MagnaMatrona @malachy1009 @ManuGavard @manujar
@Maraud_Whisky @Marcfauvelle @mariambourgeois @marie_
samuel54 @marie_simon @mariebernardeau @marielandro
@MarieLaureC @MarineProt @marion_mvl @marion_seury
@marionbee @Marjo89 @marsupilamima @martoche
@Mast3rMan @mathauger @mathildedehimi @MathildeL75
@mattbeauv @MattGuenoux @Mauddk @mcledu @MEEFista
@Meguini @MelleJeanne @MerletteNoname @Mhe_sch
@midatlantic61 @MidouBb2 @miickyid @minisushi @mirayoki
@MissCocoBoca @MissCorail @MissTerre33 @MistaNiiko
@mnclem @mondeenderoute @monsieurkaplan @morokhon
@Mrlanou @n___f @NassiraELM @nathcauville @nbirchem
@NCPnantes @NGouerec @nico_teillard @Nicoleduforum
@NicoLepige @NinaProvence @nivrae @NLeuthereauMorL
@nolwennbb @noukapi @objectifocean @OFavennec @oLambR
@OlivierBenis @Padre_Pio @parisbiarritz @parleluidemoi
@Pascal_Le_Mee @pascal201169 @PaulineCallois @PaulineMiel
@pcolinleroux @PetitDeux @petitdonnet @PhilippeLoizon
@pierrebrt @pierrecouette @pippojawor @PopEnnio
@potop @PoulyO @qdeslandres @Quand__Meme @Radioteuse
@RemDumDum @renardtouffu @RienaFoot777 @RiveMerry
@rizzonefer @RodolpheCaribou @ronez @rosepiter
@SanzzoCreatrice @SarahBastien @SaskiaVanMachin
@sca421 @Sceptie @Scharlottelazimi @SChesnel @SebCalvet
@SebGaff @semioblog @serrantho @Simonemonpote
@sistermiam @sletellier21 @somebaudy @sophie31770
@sophiegiron @spoum42 @Stars_buck @Stbslam @stefandevries
@Stefany_cm_h @stefgossip @SundaaayMorning @supergreg3
@Syluban @taimaz @tangente86 @tellinestory @temptoetiam
@thbaumg @The_Funny_Bird @Thomas_Chuette @Thomrichet
@thomrozec @TierceMajeure @tigoulinade @a/Ili1988 @Timithil
@tofer_dreamer @Tomasin9 @tomland @Toussaintcat
@tristan_m @tristanmf @trukmus @TUMinterS @turlupinRF
@tylemeray @unGwennEnHiver @urbanbike @vagabondanse
@Val__Tho @Val69110 @ValdvLyly @ValerieAMaitre
@VictoireHM @Vince_von_Stgt @VinceBlackdog @vincentguerin
@vprly @Watbibi @Watoo_Watoo @wilddust @XavierPauf
@XavierReim @Ximena_69 @YannBertrand
@YvetteIvresse @zigazou @Zollkau

*Merci à tous ceux qui ont également
commenté sur Facebook.*

*Pour votre aide si précieuse, merci Geneviève, Étienne,
Simon, Carole, Léonard, et tous mes amis <3*

*Pour votre confiance, merci Brigitte, Marc, Sylvain,
Eveline, Robert, et un très grand merci
au filleul de Madeleine.*

*Pour ce voyage vers le papier, avec justesse,
merci Adrien, merci Claire.*

Merci la chance, le hasard, la magie.

*Merci à toi,
Madeleine.*

Impression :
corlet s.a. à condé-sur-noireau
Dépôt légal :
Mai ❷❶❶❻ / N°❶❸❷❶❼❹ (180182)
Imprimé en France

**Éditions
du sous-
sol**